Mario Stenz

Notizen einer Suche

Bibliographische Informationen der Deutschen Nationalbibliothek:

Die Deutsche Nationalbibliothek verzeichnet diese Publikation in der Deutschen Nationalbibliografie; detaillierte bibliografische Daten sind im Internet über http://dnb.dnb.de abrufbar.

3. überarbeitete Auflage

© 2016 Mario Stenz

Herstellung und Verlag:

BoD – Books on Demand, Norderstedt

ISBN: 9783734760976

Notizen einer Suche

Oder:

Meditationen in maximal 160 Zeichen

über fast Alles und Nichts

Mario Stenz

Aphorismen und Ähnliches

Widmung:

Diese Aphorismen widme ich meiner Familie Ineke und Zoë, Kai N., Christian G., Thomas C., Jörg E., Lars W. und all jenen, die auf der Suche sind.

„Sapere aude! Habe Mut dich deines eigenen Verstandes, ohne Leitung eines anderen zu bedienen."
(I. Kant)

„Die negativen Geister, (…) die nur sehen und sagen, was das Grauen ist, was nicht sein soll, die Gott zu nennen sich scheuen, was wollen sie? – Daß es gut wird."
(M. Horkheimer)

„Die Subjektivität ist die Wahrheit; die Subjektivität ist die Wirklichkeit"
(S. Kierkegaard)

„Maximen, Axiome sind wie Kompendien das Werk geistreicher Leute, die, so scheint es, für die mittelmäßigen und trägen Geister gearbeitet haben. Der Träge nimmt eine Maxime an, um sich die Beobachtungen zu ersparen, die deren Verfasser zu seinem Resultat geführt haben. Der träge und der mittelmäßige Mensch getrauen sich nicht, darüber hinauszugehen, und sie geben der Maxime eine Allgemeinheit, die der Verfasser, wenn er nicht selbst mittelmäßig war, ihr gar nicht geben wollte. Ein überlegener Geist erfaßt mit einem Schlage die Ähnlichkeit, die Unterschiede, die eine Maxime mehr oder minder oder überhaupt nicht auf diesen oder jenen Fall anwendbar machen."
(N. Chamfort)

„Das Schwierigste bleibt das *selbstständige* Denken, dass doch die oberste Zielweisung und Maßgabe des Unterrichtens darstellt. Dieses Ziel zu *verwirklichen*, erweist sich als unmöglich: wäre es zu bewirken und zu bewerkstelligen, so könnte es sich nicht um *selbstständiges* Denken handeln."
(Th. Ballauff)

„Traue niemals einer Weisheit, die sich in nur einem Satz ausdrücken lässt!"
(L. Weckbecker)

Inhalt

Prolog: Der Sinn der Suche und ein anderer Doppel- und Dreifachsinn

„Suchet, so werdet ihr finden." (Mt. 7,7) so steht es geschrieben. Nicht geschrieben steht aber, dass es nicht von Nachteil sein kann, zumindest eine vage Vorstellung von dem zu haben, was man sucht. Denn das, wonach man Ausschau hält, gibt der Suche erst Hoffnung, Orientierung und einen Sinn.

Der Titel dieses Buches lässt nun erwarten, dass ich suchte. Was aber suchte ich und warum? Auf Erkenntnisse und ein aufrichtiges Leben legte ich den Fokus. Die Wahrheitssuche gab meiner Forschung die Richtung. Und Beweggründe für diese Suche gab es im Wesentlichen zwei: Zum einen forschte ich aus einer wissenden Unwissenheit heraus. „Ich weiß, dass ich nichts weiß"[1] – das wusste ich und ich verlangte, die gängigen Meinungen und Ansichten prüfend, nach möglichen Antworten und Erkenntnissen. Und zum anderen begann meine Suche mit der wissenden Unwilligkeit einer gesellschaftlichen Unzugehörigkeit. Ich sagte „Nein" und ich versuchte mein „Nein" zu leben und hielt nach etwas anderem als den gewöhnlichen und konventionellen Lebenskonzepten Ausschau.

Aus dieser wissentlichen und willentlichen Negation als Ausgangspunkt, dem Ungenügen an den gängigen Lebensentwürfen, skeptisch[2] geworden gegenüber den üblichen Antworten und vermeintlichen Selbstverständlichkeiten, begab ich mich auf den Weg. Ich machte mich auf eine von Fragen geführte Reise ins Unbekannte und Offene, auf der ich mich von meiner inneren Stimme und *meiner Vernunft leiten* ließ, um einen sinnvollen Platz in der Welt, ein gelingendes Leben, (Selbst-) Erkenntnisse und Antworten, - *um meine eignen* Antworten-, zu finden.

Die Aphorismen dieses Buches sind kleine Versuch und als ein Ergebnis dieser Suche zu verstehen, die sich über die letzten sechszehn bewegten Lebensjahre erstreckte. In diesem Zeitraum experimentierte und reiste ich viel (Südafrika, Namibia, Malawi, Indien, Andamanen, Nepal, Kuba, Schottland, Spanien, Frankreich, Thailand), studierte, dachte nach, arbei-

---

[1]Vgl. dazu: Sokrates. In: Platon: Des Sokrates Verteidigungsrede. Sämtliche Dialoge. Bd. I. Meiner Verlag 2004, S. 30.
[2] Skeptisch meint hier den altgriechischen Ursprungssinn des Wortes „diaskópein", das mit „Umherschau", „Ausspähen", „Betrachten" „Prüfen" am ehesten zu übersetzen ist. Vgl. dazu: Fischer, Wolfgang: Sokrates pädagogisch. Ruhloff/Schönherr (Hrsg.) Könighausen und Neumann Verlag 2004, S. 89f.

tete hier und da, litt, liebte, heiratete, wurde Vater und etwas ruhiger… - kurzum: ich erlebte so einiges und schrieb die wesentlichen Gedanken und Erkenntnisse aus dieser Zeit auf!

Aus diesem bunten Erfahrungsumkreis und dem heiterbefreiten bis melancholischen Lebensgefühl des gesellschaftlichen „Außenseitertums", dessen zumeist kritischen Beobachterperspektive und einer philosophischen Fragwürdigkeit des Lebens als solchem, entspringen die folgenden Notizen.

Zur Form und dem Doppel- und Dreifachsinn: Alle Aphorismen und Sätze dieses Buches sind nicht länger als 160 Zeichen. Auch das hat seinen bewussten Grund. Dieses durchgängige Format hat seine Ursache darin, dass ich mich stilistisch diszipliniert und eine literarische Askese *im Doppelsinn* des Wortes betrieben habe. Zum einen habe ich auf Vielschreiberei mit langen Gedankengängen und Begründungen *verzichtet*, um *ohne Umwege* und mit kurzen Impulsen zum prüfenden Denken anzuregen. Denn „die meisten Denker schreiben schlecht, weil sie uns nicht nur ihre Gedanken, sondern auch das Denken der Gedanken mitteilen" (F. Nietzsche). Zum anderen habe ich mich in der *Kunst der Verknappung* versucht und in einer treffenden Ausdrucksweise befleißigt und *geübt*, um etwas pointiert und/oder Verweisungsreiches mit wenigen Worten zu sagen. Diese stilistische Asketik hat wiederum ihre tiefergehenden, bildungsbiografischen Ursprünge. Zum einen in der Begegnung mit der Philosophie im Allgemeinen und dem Bekanntwerden mit einigen Vertretern der moralistischen Tradition im Speziellen, jener „Philosophie der menschlichen Dinge"[3] deren Protagonisten oft in aphoristischer, essayistischer Form einer empirischen und historischen Anthropologie Ausdruck verliehen. Und zum anderen bekam ich wichtige Impulse durch meine akademische Ausbildung und ein Soziologieseminar „Zur Lage"[4], das neben dem kritischen Blick auf das Zeitgeschehen, die antisystematische und aphoristische Arbeitsweise als Methode der „Frankfurter Schule" beleuchtet. In diesem Seminar wurde u.a. den Studenten die Aufgabe gestellt, jeweils eigene kritische Aphorismen zu ausgewählten Themen zu verfassen. In den Korrekturen war immer wieder zu lesen: kürzer, prägnanter, treffender. Diese erhellende Begegnungen mit dem Geist der Philosophie und der europäischen Moralistik sowie die universitären

---

[3] Vgl. dazu: Balmer, Hans- Peter: Philosophie der menschlichen Dinge. Die europäische Moralistik. Francke Verlag 1981.

[4] Universität Koblenz-Landau, Campus Koblenz, Wintersemester 2010/2011.

Anregungen zur maximalen Verknappung ohne inhaltsleer zu werden, waren mit Blick auf den Stil ein Entstehungsgrund dafür, dass ich Jahre später - als akademische Nachwehen- dieses nicht unehrgeizige „Ein-Mann-Projekt" bei mir selbst in Auftrag gegeben habe. Zu dessen Umsetzung habe ich über ein Jahr einen „Twitteraccount"[5] gepflegt, in dem ich neue Gedanken verfasst und aus meinen alten Notizbüchern länger ausformulierte Gedanken zu Aphorismen kondensiert habe, die aus nicht mehr als 140 Zeichen bestehen *durften*.[6] Durch die gewählte Vorgabe der Limitierungen auf 140 Zeichen, zwang ich mich selbst zu dieser Form der inhaltlichen Verdichtung. Jedes Wort musste auf die semantische Waage gelegt und sein entsprechender Bedeutungsgehalt zum passendsten Ausdruck abgewogen werden.[7]

Aus dem Grund dieser selbstgewählten Nötigung zur Verdichtung ist dieses Buch auch *eine Sammlung von Gedanken* im dreifachen Sinn des Wortes „Sammlung".

Zum ersten sind von mir verfasste Gedanken und Ähnliches aus verschiedenen Lebensbereichen und -phasen gesammelt worden. „Gesammelt" heißt in diesem Kontext: Sammeln im Sinne des *Zusammenstellens und des Zusammentragens.* So erwarten Sie im Folgenden moralistische Alltagsbeobachtungen, Gedanken zur Zeitdiagnose und zum gelingenden Leben, zusammenfassende Ergebnisse philosophischer und religiöser Reflexionen, poetische Fragmente, psychologische Betrachtungen und Intuitionen, Wort- und Sprachspiele, komische Sprüche, Maximen, kleine Kommentare zu großen Namen, widersprüchliche Meinungen, Rückfragen usw.[8] Zweitens sind die Notizen eine Sammlung im Sinne der Selbstsammlung und *des Innehaltens*, da ich Rück- Um- und Innenschau hielt und daraus Erkenntnisse und Einsichten gewann. Darum ist diese Sammlung auch eine Sammlung im Sinne *einer intellektuellen Meditation.* Zum

---

[5] Dieser Account bestand nur für die „Projektphase" und ist mittlerweile wieder gelöscht.

[6] Für Unkundige im so genannten „Social Network": Eine Nachricht auf Twitter darf, um versendet zu werden, nicht mehr, aber weniger als 140 Zeichen umfassen.

[7] Dass einige Aphorismen dennoch aus mehr als 140 Zeichen bestehen ist der Tatsache geschuldet, dass ich Zeichen wie „&" und verwendete Abkürzungen wie „phil.", „ökon." usw. aus optischen und lesefreundlichen Gründen wieder in voller Länge ausgeschrieben und hier und dort einige Ergänzungen vorgenommen habe. Die Begrenzung auf 160 Zeichen eines SMS-Formats erschien mir aber als sinnvoll, denn sonst wäre es ein völlig anderes Buch geworden, das nicht mehr der Anfangsintention entsprochen hätte.

[8] Aus Gründen der Orientierung sind die Aphorismen unter Überschriften subsumiert worden. Dadurch wurde die chronologische Reihenfolge aufgehoben und die Aphorismen nach inhaltlicher Nähe grob systematisiert, so dass man in den Themenbereich einsteigen kann, von dem man sich angesprochen fühlt.

Dritten sind die „Notizen" in dem stilistischen Sinn „gesammelt", da sie in einer knappen, konzisen und konzentrierten Ausdrucksform wie das Licht durch eine Linse *gebündelt* sind und versuchen Gedachtes als Gedanken entäußert und Schwarz auf Weiß aufs Papier und den Punkt zu bringen.

Am ehesten können die „Notizen" aus diesen Gründen als direkte, stilistisch pointierte und verdichtete Ausdrucksversuche einer Erkenntnissuche in Form einer Art *„Mikro-Essayistik"* verstanden werden, die das Dokument einer Bildungsgeschichte und einer existentiellen Suchbewegung sind. Die Notizen sind kleine Fündigkeiten, einem *Halt[9] im Denken* gleich, die aber keinen Anspruch auf Apodiktik und Dogmatik und Endgültigkeit beanspruchen wollen - und können. Im Gegenteil: auch wenn die Sätze und damit verbundenen Gedankengänge mir derzeit Einsichten sind und wie „Antworten" erscheinen, so sind sie nur mehr oder weniger begründete Meinungen, subjektive, beobachterabhängige Sichtweisen, Hypothesen, Intuitionen und kleine Wahrheiten auf meinem Denkweg – bisher. Die „Notizen" sind darum vielleicht am ehesten einer *skeptischen Pädagogik* zuzurechnen. Denn der Aphorismus als gewähltes Stilmittel ist aufgrund des Formats die Fraglichkeit immer schon eingeschrieben. Die Kürze provoziert die Fragwürdigkeit mit Blick auf den Geltungsanspruch der Aussagen. Jeder hat das Recht alles ganz anders zusehen wie ich es sehe. Und vielleicht hat man sogar, aus intellektueller Redlichkeit und dem aufklärerischen Appell zu eigenen Verstandesgebrauch heraus, die Pflicht alles anderes zu betrachten. Denn hier darf und soll gedacht - und auch ein wenig gelacht werden.

Schlussendlich zielen die „Notizen" ihrem Anspruch nach darauf ab, ein paar „Aha"- und „Haha"- Erlebnisse zu wecken, indem sie als halbwegs niveauvolle und anregende Unterhaltung vielleicht einige Einsichten hervorrufen und Impulse für eine neue Nachdenklichkeit geben. Nicht mehr, aber auch nicht weniger.

---

[9] „Halt" nicht im Sinne von letztem Stopp oder als Synonym für endgültige Gewissheit, sondern „Halt" im Sinne von „Anhalten" und „Festhalten" und „Behalten" und „Innehalten".

1. Gedanken zur Gegenwart und Gesellschaft

*

Der neue Mensch: Ein Neandertaler mit Waschbrettbauch, Steinherz, Dauerlächeln, einem Flexibilitätsgen und einem nassen Brötchen im Kopf, das nur rechnen kann.

*

„Wettbewerb als Entdeckungsverfahren"[10] – d.h. das Ordnungsprinzip ist das Experiment der Konkurrenz und die Zukunft darum eine *umkämpfte Ziellosigkeit.*

*

Unbewusst: Nach Erfolg streben, blind konsumieren, lieben wie gesollt, leben wie gesollt, sich frei fühlen und vergessen, wie man ideologisch vereinnahmt wird.

*

Eiszeit: Wir gehen auf kalte Zeiten zu, in denen man glaubt nicht zu erfrieren sei bereits Liebe.

*

Lob der Pluralität: Die Vielfalt fördert den Begründungszwang, da man vor sich rechtfertigen muss, warum man für Dieses zwischen Vielem ist.

*

Aus Sicht von Wirtschaft und Politik sind Aufklärung und Verbraucherbildung kontraproduktiv: arbeitswillige Konsumenten, die wenig denken, sind am brauchbarsten.

*

Die Anderen sind so lange gleichgültig bis sie ihre Sicht und Interessen kundtun: dann bekommt die Gleichgültigkeit ihre Polung hin zur Zuneigung oder Ablehnung.

*

---

[10] Vgl. dazu: Hayek, Friedrich: Wettbewerb als Entdeckungsverfahren. Universität, Institut für Weltwirtschaft; Auflage 1968.

Basis: „Die Meisten bekommen nie genug. Gier tut uns gut." - Grundlage und Glück des Kapitalismus.

*

Bestreben: „Die Meisten dürfen nie genug haben. Mangel ist Pflicht" - Fundamentalforderung des Kapitalismus.

*

Not: „Alle haben genug und wir nichts mehr zu verkaufen!" - Die Angst des Kapitalismus.

*

In imaginärer Begleitung: Wenn es keine "Privatsprache"[11] gibt, dann sind die Anderen, zumindest indirekt, immer dabei.

*

Horkheimisch: Der spätkapitalistische Warenfetisch des Immer-Neuen ist die Sublimierung der „Sehnsucht nach dem ganz Anderen."

*

Sinnmarkt: Auf dem Sinnmarkt den metaphysischen Hunger sättigen: "Wo gehst du einkaufen, wenn dein Verlangen nach großen Antworten Hunger hat?"

*

Dialektik des Ideals: Das reine Gehorsam des Schönheitsideals, das zum Wahn wird, macht die Menschen gekünstelt und hässlich.

*

Säulen der Gesellschaft: Arbeit, Konsum, Information bis zur Verwirrung und Exzesse der Unterhaltung hin zum nutzlosen Selbstvergessen.

*

---

[11] Vgl. dazu: Wittgenstein, Ludwig: Philosophische Untersuchungen. Suhrkamp Verlag 1971, S. 114.

Gradmesser der individualisierten Gesellschaft: Je mehr unterschiedliche Reaktionen ein Ereignis provoziert, umso *dekollektivierter* ist eine Gesellschaft.

*

Abgangs-Arrangement: Dass man heutzutage die „Weltverbesserer" belächelt, ja gar als Träumer bemitleidet, zeigt eins: man hat sich mit dem Untergang arrangiert.

*

Neoliberalismus: Sozialdarwinismus + Markt.

*

Verbrauchermacht: Bewusste Konsumeinschränkung heißt im Kapitalismus - "den Aufstand proben."

*

Rassismus: Der ideologische Irrsinn der Herkunft und Physiognomie.

*

Terrorismus: Die Idiotie politischer Radikalisierung, die mit einer Freund-Feind-Schematisierung blutigen Ernst macht.

*

Radikalisierung: Komplexitätsminderung und Reaktion auf den Exzess der liberalen Freiheit und die Orientierungslosigkeit der pluralistischen Moderne.

*

Eintönig: Die Geschichte des „weißen Mannes" ist farblich recht eintönig, sie ist blutrot.

*

Funktion der Kritik: Den Finger in die Wunde des Zeitgeistes zu stecken, ist ein Nervenkitzel, der vielleicht zur Heilung Anreiz gibt.

*

Ab-/Anerkennung und Widerstand: „Die Hölle sind die Anderen."[12] - Da man aber den Anderen auch der Andere ist, machen wir uns das Leben oft zur Hölle.

*

Aufschrei: Dass in einer Welt, die Überschuss produziert, noch immer Mangel herrscht, den man beheben könnte, wenn man *wollte*, ist ein zivilisatorischer Skandal.

*

„Erste Welt"- Problemchen: Manchmal kann ich mein und das Gejammer meiner Mitmenschen nicht mehr anhören. Es sind Luxusleiden: Elegien von Maden im Speck.

*

Ein bisschen Zeit bannen: Die Uhr ablegen ist schon ein Stück Urlaub.

*

Das Unterwerfungsmittel: „Das Kapital ist nichts anderes als der Hebel, der den Unternehmer in den Stand setzen soll (...) Güter seiner Herrschaft zu unterwerfen."[13]

*

Im Netz der Datenspinne: Wer sich im Netz bewegt, der wundere sich nicht, dass er mit Daten dort kleben bleibt, sichtbar und mit Werbung umwoben wird.

*

Einfacher Grund der klammen Kassen: Oft reicht das Geld nicht, nur weil unsere Bedürfnisse zu viele sind.

*

Tiefengrammatik: „Sie/er ist schöner, klüger, dünner, erfolgreicher usw. als ich!" – Der Komparativ macht aus Mitmenschen Konkurrenten.

---

[12] Sartre, Jean-Paul: Geschlossene Gesellschaft. Rowohlt Verlag 2005, S. 62.
[13] Joseph A. Schumpeter, Theorie der wirtschaftlichen Entwicklung, 7. Aufl. Duncker & Humblot Verlag 1987, S. 165.

Metaphysik des Marktes: „Was darf ich hoffen?"[14] – „Auf die unsichtbare Hand..."[15] des Marktes, die alles zum Besten lenkt.

*

Dass heute, in Zeiten pluralistischen Geschmacks, schlechte Publicity immer auch Werbung ist, heißt: jede Scheiße findet Anklang und immer einen, der sie kauft.

*

Zwang heute: Man muss sich *marktgängig* machen, da man zur Einkommensgenerierung *marktabhängig* ist. Denn ohne Einkommen ist Leben kaum möglich.

*

"Lässt es sich zu Geld machen...?" - Der Verwertungswunsch ist ein Synonym für die Konformität mit der kapitalistischen Logik.

*

Diebstahl: Die Rache der Armen und des Prekariats, das den Mangel der Sozialpolitik kompensiert, in dem es das Recht „privatisiert".

*

„Der Mensch ist dazu verurteilt, frei zu sein!"[16] – Was im 20. Jhd. noch eine Philosophie war, ist heute individualisierte Gesellschaftsnorm: Jeder muss wählen.

*

Adlerperspektive: „Die Masse" ist eine Sicht aus abstrakter Höhe. Von der Erde besehen zeigt jeder konkrete Mensch Eigenheiten, - gesetzt man hat Augen dafür.

*

„Celebrity": Die „Gefeierten" feiern sich auf roten Teppichen selbst. Und jene, die die „Gefeierten" feiern, verfeiern und verflachen ihre Lebenszeit.

---

[14] Kant, Immanuel: Werk in zehn Bänden. Bd. V. Weischedel, W. (Hrsg.). WBG 1975, S. 447.

[15] Smith, Adam: Der Wohlstand der Nationen. Verlag Zweitausendeins 2009, S. 524.

[16] Sartre, Jean-Paul: Der Existentialismus ist ein Humanismus. Philosophische Schriften I. Gesammelte Werke. Rowohlt Verlag 1994, S. 125.

Eitelkeit im Thema: Worüber man sich gut und gern auslässt, darin gefällt man sich in gewissem Maße nur selbst, dadurch, dass man glänzen kann.

*

Bildungsperspektiven: Schulpflicht ist - wohlwollend gedacht -, eine Bildungsermöglichung; - kritisch gesehen - eine Nötigung zur sozialen Funktionalität per Gesetz.

*

„Zusammen sind wir stark": Kooperation ist Machtmehrung.

*

„Sich ein Autogramm holen": Sich von jemandem ein Autogramm holen ist wie ein Kniefall und eine selbstgewählte Erniedrigung.

*

„Ichisierung": Limonade, Schokoladenaufstrich und Co. mit *„Deinem"* Namen darauf: personalisierte Produkte *vom Fließband* für Individualität-sillusionen.

*

Merke: Ironie bei der ersten Bekanntschaft kann zu Irritationen beim Gegenüber führen – bewusste Verstellung versteht nicht jeder.

*

Falsch: Ach, dieses konditionierte Lächeln der Verkäuferin heute an der Kasse. Kind, - wer hat dir nur eingebläut, dass diese Falschheit verkaufs-fördernd wirkt?

*

Gerudelte Herde: Menschen sind wie Herdentiere mit Rudelcharakter, denn in ihren losen Zusammenschlüssen herrscht der Hang zur Hierarchie und Unterscheidung.

*

Falschheiten: Fordere ehrliche Gründe und du bekommst oft Ausflüchte geboten; fordere Wahrheit und du bekommst zumeist Lügen aufgetischt.

Raritäten: Sie sind rar, aber schön, jene kurzen Lichtblicke Menschlichkeit, wenn sich zwischen Fremden ein Lächeln und drei nette Worte kreuzen.

*

Stadtdesign: Innenstädte werden, durch die Präsenz großer Handelsketten zunehmend vereinheitlicht: nur die historische Architektur prägt noch ihre Eigenheiten.

*

Geld als neuer Götze, der feiste Welttanz aller Länder um ein Tauschmittel. Wohlständig in den Abgrund: Untergang de luxe!

*

Zukunftshybrid: Das Gebrüll nach Nachhaltigkeit bedeutet man möchte den Fortschritt mit Konservatismus kreuzen.

*

Kontexte: Das Wasseratom denkt sich frei, aber die Welle und ihre Masse, in der es treibt, gibt seiner Bewegung oft die Richtung vor.

*

Erobern und/oder verteidigen: Sich ereifernde Vaterlandsliebe ist und war selten friedensförderlich.

*

Selbstoptimierung: der gesellschaftlich akzeptierte Krieg gegen die eigenen Schwächen.

*

Die Einzeloptimierung und die Hoffnung für alle: Wenn sich jeder individuell verbessert, verbessert sich das Kollektiv.

*

Patriotismus: Der Narzissmus der Nation.

*

„Der Ausländer": Das Produkt des Schwachsinns von Nationalbewusst-
sein und Staatsgrenzen.

*

Extreme sind Bequeme: Extrem zu sein ist bequem, da man sich nicht mit
den Ambivalenzen und der gedanklichen Arbeit des Austarierens be-
schäftigen muss.

*

Gruppencodex Moral: Wo eine Moral das Zusammenleben regelt, ist oft
Einschluss und Abgrenzung, Willkommen und Ablehnung gegen andere
mitgedacht.

*

Merk-würdig: Dienstleistung ist ein merkwürdiger Begriff: als ob ein
Dienst nicht auch eine Leistung wär! Ein Diener leistet doch etwas…

*

Syllogismus des Geldes: Lebensmittel, die Leben ermöglichen, sind fast
nur käuflich zu erwerben. Erwerb erfolgt durch Geld. Ergo: Geld ermög-
licht Leben.

*

Zynismus des Leistungsdrucks: die Diamantpresse des Kapitalismus, in
dessen Produktionsverlauf einfach einige Steine zerbrechen.

*

Klugheit: Wer das Unumgängliche bejaht, der spart Energie, die er zur
Aufrechterhaltung der Ablehnung benötigt: Kluge Bejahung setzt Kräfte
frei!

*

In Beziehung setzen: Relativierung lernte ich in den Straßen Bombays:
Vieles was wir im Westen „Elend" nennen, wäre dort ein Leben mit De-
luxe-Ausstattung.

*

Wechselwirkungen: Schuldzuweisungen sind nicht selten Resultate der Blindheit für die eigenen Anteile im Geschehen.

*

Persönliche Grenzen: Ekel ist ein Abgrenzungsinstinkt, der eine Grenze setzt, hinter der einem als Reaktion nur noch das Erbrechen bleibt.

*

Kauf, Ressourcenverknappung und ihre Folgen. Kurzgesagt: Wir konsumieren uns kaputt.

*

Lenkung: Die besten Führungsmittel für die Masse sind Anreize und Schrecken: durch diese lässt man sich lenken, durch jenes lässt man andere für sich denken.

*

Verflochten: Umso komplexer und verflochtener die globale Welt wird, umso eher kann vielleicht die Chaostheorie zur Erklärung der Gegenwart dienen.

*

Habitus des Gehabes: Einstellung und die exaltierte Darstellung derer, die sich im Besitz von etwas wähnen und darauf stolz sind.

*

„Arschologie": Unabhängig von Herkunft, Nationalität, Religion usw. – Arschloch-sein ist eine Frage des Charakters - und die gibt es überall.

*

Wissentlich: Ignoranz ist eine Art der Verdrängung, denn wenn ich etwas nicht wissen will, dann habe ich schon Vorwissen von dem, was ich wegschiebe.

*

Erfahrung aus Indien, Afrika et a.: Wir im Sonnenscheinland kennen keinen wirklichen Hunger, sondern nur längere Phasen aufgeschobenen Appetits.

*

In den Blick nehmen: Das Gesetz schafft das Verbrechen.

*

Kapitalismus als Religion? – Der Kapitalismus kann die spirituelle Lücke nicht füllen, denn er produziert eine strukturelle Unzufriedenheit, die gleichzeitig sein Motor ist.

*

Vom Versprechen: Wenn jemand etwas verspricht, dann auch immer nachfragen, ob er sich nicht versprochen hat.

*

Parodie des Optimierungszwangs: Etwas aus sich machen, was sich nicht verwerten lässt - ein gebildeter und athletischer Außenseiter werden...

*

Herabsehen: Kaum ein Tag vergeht ohne versuchte Erniedrigung. Und wenn es nur Blicke sind die erdrücken wollen…

*

Familienfeste: Fressfeiern mit Sitzfleischverletzung.

*

Sich zeigen: Soziale Netzwerke haben einen Paradigmenwechsel von der Privatheit zur öffentlichen Präsenz von Jedermann bewirkt.

*

Bedingungen: Wie sollen Blumen gedeihen, wenn man Samen in Beton streut?

*

Individualismus = (Humanismus minus Bildung) + Markt.

*

Gute Romane und konkretes Mitgefühl haben eines gemeinsam: die bereichernde Teilhabe am Leben der Anderen.

Kulturnatur: Stadtgeräusche im Hintergrund, kulturelle Antriebe im Inneren: das zivilisatorische Rumoren ragt bis in die Stille der Wälder. Unberührtheit ist rar.

*

Eile in Kuba: Wenn Mehrleistung keinen Anreiz bietet, gewinnt die gemütliche Langsamkeit wieder an Geltung. Weniger Betriebsamkeit hat Müßiggang als Mehrwert.

*

Wir: Die Grundfrage individualisierter Gesellschaften ist, wie Solidarität und ein Gefühl von kollektiver Kohärenz aufrecht gehalten oder erzeugt werden kann.

*

Kernparadoxie: Das konstitutive Konzept der distinguierenden Konkurrenz in einer Leistungsgesellschaft steht dem Gedanken der Solidarität diametral entgegen.

*

Offen um den Status Quo zu festigen: Gelassenheit, die *nur be- und zulässt*, ist Konservatismus des Bestehenden.

*

Konsumkernfrage: Wenn man sich beim Einkaufen fragt, ob man dieses oder jenes *wirklich* braucht, geht man meist auch mit weniger nach Hause.

*

Heimat: Wenn ihr nett seid, seid ihr überall willkommen, ab zuhause ist da, wo auch das Ausleben der eigenen Defekte kein schlechtes Gefühl erzeugt.

*

Seelische und psychosomatische Krankheiten: Oft körperliche Stoppsignale, die auf eine entschleunigende Auszeit aus der Knochenmühle des Betriebs hindeuten.

*

Erwartung und eigener Anspruch: Es überfordert sich, wer in allen Lagen mehr als gut sein will. Es bedarf auch einer Priorisierung der Rollen.

*

Werte: Zweckrationalität ist nur eine Spielart der Wertrationalität, denn auch der Zweck hat oft als Übergeordnetes einen Wert, seine Wichtigkeit und Bedeutung.

*

Wertaxiom: Man kann nicht *nicht* werten: in jeder Handlung steckt eine Bedeutungszuschreibung und Wertschätzung, allein dadurch, dass sie gewählt wird.

*

Schmeichelei: Gebraucht zu werden und nützlich zu sein schmeichelt den eigenen Fähigkeiten.

*

Schmerz: Missbraucht und ausgenutzt zu werden zerschmettert die Achtung vor sich.

*

Veränderungsträgheit: Schuld sind zumeist die Anderen, denn wenn nicht, so hieße das, man müsste sich eventuell ändern.

*

Virtualität mit Effekten: Börsenspekulation - ein virtuelles Zahlenspiel vom Schreibtisch aus, das „Blasen" zum Platzen und Menschen reale Tragödien bringt.

*

Sozialer Sprengstoff: Eine Jugend ohne Perspektive ist Dynamit.

*

Druckmittel a.D.: Das bedingungslose Grundeinkommen ist eigentlich darum tabu, weil es die Arbeitgeber entmachtete und die Bürger der Leistungspflicht enthöbe.

*

Achtung: ein Projekt, das sich als *alternativlos* darstellt, *bessere Zustände* verspricht und an das sich alle halten *sollen,* heißt Ideologie.

*

Die Gefahr des Einen: Monotheismus, Monismus, Monarchie, Monopol – was sich als alleinige Macht ins Recht setzt, ist oft gegen das Andere auf Kampf aus.

*

Zeitkriminalität: Wer keine Zeit hat, sie aber für sich nötig erachtet, der muss sie sich nehmen, - notfalls auch stehlen.

*

Ausweichen: Selbstironie ist mitunter auch nur eine Strategie, um möglichen Angriffen eine geringere Trefferfläche zu bieten.

*

Abgestumpft: Bei den Abendnachrichten schlafe ich neuerdings immer ein. Das wiederholte Elend der Welt beginnt mich zu langweilen.

*

Andere Mächte in uns: Wer *sich* nicht gehorcht, der wird beherrscht.

*

Wissen ist Macht: Um für sein Recht zu kämpfen ist es nicht die schlechteste Voraussetzung es überhaupt zu kennen.

*

Zusammenleben gestalten: Ruhe, Trubel, dann dies, dann jenes, wer kümmert sich? Du? Ich? Wann? Jetzt? - Familienleben ist Politik der Bedürfnisse im Kleinen.

*

Der ausgeschlossene Dritte: Das Schlechte auch an vermeintlich guten Witzen: zumeist gehen sie auf Kosten von Dritten, die nicht anwesend sind.

*

Ruheort: Gemeinsames von Schlaf und Toilette? In beide kehrt man ein, ohne dass uns überhaupt bzw. gern jemand folgt: beim Knacken und Kacken ist Ruhe.

*

„Es besser haben zu wollen, schläft nicht ein." [17]– und wir *sollen* es mit den neuen Produkten besser haben. Werbung macht sich das Prinzip Hoffnung zu nutze.

*

Konfliktpotential: Eigene Bedürfnisse und Ansprüche an sich versus den sozialen Konventionen und Erwartungen: Ein „Ich" sein wollen ist eine Kampfansage.

*

Ausgrenzung: Die Mitwelt straft pure Egoisten oft unbewusst: wer nur an sich denkt, wird für gewöhnlich gemieden. Kurz: Ein Arschloch wird vereinsamt.

*

Kluge Dummheit: Sich irgendwie Ihren Vorteil und Nutzen zu verschaffen: soviel Verstand haben selbst die Dümmsten. Es gibt eine Art angeborene List zur Lust.

*

Schaf: Wer bei Aufforderungen, die mit „Du musst"/"Du sollst" beginnen, nicht innerlich zusammenzuckt und mit Widerstand reagiert, der ist zum Folgen geboren.

*

Windrose Tagtraum: Tagträume können weltvergessender Trost sein, aber auch kleine Visionen, die der Zukunft die Richtung des eigenen Wachstums geben.

*

Zerrissen: Wer allen Erwartungen von Anderen gerecht werden will, der passe auf, dass es ihn nicht wie ein Blatt Papier in alle Richtung zerreißt.

---

[17] Bloch, Ernst: Prinzip Hoffnung. Kap 1 -32. Suhrkamp Verlag 1985, S. 86.

*

Oppositionsmentalität: Ein Nein zu Allem als Programm.

*

Günstiger: Vereinheitlichung senkt Transaktionskosten, denn Gleichschaltung reduziert die Reibungsflächen und fördert das Funktionieren.

*

Real: Formal sind wir gleich vor dem Gesetz, real aber ein Individualfall vor der Interpretationsfähigkeit und des deduktiven Vermögens eines Richters.

*

Siegen: Wettbewerb konzipiert das Zusammenleben als Rivalität unter dem Diktat des Vergleichs und des Optimierungszwangs.

*

Wachstums- und Wettbewerbslogik: Die serielle Produktion von Gewinnern und Verlierern, *in der Hoffnung*, dass Niederlagen zur Optimierung reizen.

*

Wettbewerbsopfer: Die Verlierer des Systems ohne Ansporn zur Optimierung brüten Zorn aus.

*

Laut Freud ist Kultur die „Sublimierung"[18] des Sexualtriebs. Das heißt lax übersetzt: Kultur, die Verfeinerung lustvoller Fähigkeiten durch den verwehrten Fick.

*

Kauferfahrung im Supermarkt: Ein Entscheidungsstarrkrampf durch Optionsüberladung – Gewohnheit entlastet.

*

---

[18] Freud, Sigmund: Vorlesungen zur Einführung in die Psychoanalyse. 10. Aufl. Fischer Verlag 2000, S. 358.

Trend: Ästhetische Trittbrettfahrerei für jene ohne eigenen Geschmack.

*

Tacheles: Deutschland ist „Konsumchampion" (Tagesschau) – Übersetzt heißt das: „Wir sind Vernichtungsweltmeister".

*

Inszenierung im Medienzeitalter: Effekthascherei als vermeintliches Argument.

*

Paradigmenwechsel: „Imitatio Christi" hat abgedankt. Das Ideal des Leistungsbetriebs ist das des Aufstiegs aus der Gosse zum Multimillionär: „Imitatio Rocky".

*

„Erwachsen sein" ist die Ideologie der älteren Generation: Man ist erwachsen, wenn man funktioniert und das Funktionieren nicht mehr vor sich rechtfertigt.

*

Aus den häufigen Blicken aufs Handydisplay und den tippenden Fingern allerseits, lässt sich auf ein Bedürfnis nach Kommunikation und Zerstreuung schließen.

*

Der Fortschrittsglaube ist nicht tot, er hat sich nur individualisiert und im Gewand der Zwangsjacke der Selbstoptimierung seine Träger im Einzelnen gefunden.

*

Streitkultur: In den unteren Schichten prügelt man sich mit der Keule der Derbheit, in den gehobenen Kreisen stichelt man mit dem Florett der tückischen Nuance.

*

Haltlosigkeit: Das Problem der Karriereleiter ist: Sie lehnt sich nirgends an und darum kann man schneller fallen als man gestiegen ist.

*

Produktwerbung: Mikroideologien des Alltags – da man so gerne das Verkaufsinteresse ausblendet.

*

„Die Würde des Menschen ist unantastbar." Die Würde *des* Menschen als Abstraktum ist unantastbar, aber wie steht es um die Würde *eines jeden einzelnen* Menschen?

*

Suche: Die neue, freiwillige Geständniskultur 2.0 ist eine Suche nach Verständnis und Verbundenheit, als Reaktion auf die Anonymität in der kalten Masse.

*

Paradoxe Politik: Man regiert durch Freiheit, da ohne Einkommen nichts geht, ist man in der freien Welt genötigt *auch* aus Angst für seinen Unterhalt zu sorgen.

*

City: Die Blicke in den Einkaufspassagen der Städte, Cafés und Studios, suchende Blicke, unsicher und furchtsam in den fahlen Glanz der Reserviertheit gekleidet.

*

Die Idee der Vollkommenheit, makellosen Schönheit und Co.: Eine Ideologie, die gleichzeitig Insuffizienzen und die Sehnsucht ihrer Abschaffung weckt.

*

Vierte Kulturtechnik neben Lesen, Schreiben, Rechnen: Smartphone befingern.

*

Terror der Verwertungslogik: „Bring verwertbares oder du bist raus!"

*

Komplexitätskrisen: Politik in Zeiten des globalen Marktes scheint ein Entscheiden und Gestalten im Zustand struktureller Überforderung zu sein.

*

Menschliche Aufenthaltsorte: Am gelifteten „Busen der Natur" und im Würgegriff der Gesellschaft.

*

Gestufter Aufstieg mit Tücken: Das Hamsterrad als kapitalistische Karrieremetapher – Malochen ohne Ende, wobei alles Erreichte nie genug ist!

*

Fortschritt: Ein Höhlenbewohner, der Menschenrechte aufstellt, das Atom teilt, Computer und Zyankali erfindet…Die Zukunft bleibt spannend.

*

Wunsch: Es wäre wünschenswert und fast eine Klimarevolution, wenn der Frühling auch die Zwischenmenschlichkeit etwas entfrostete.

*

Sucht aus ökonomischer Sicht: Die konstanteste und sicherste Art der Nachfrage.

*

Wer nichts in der Tasche hat, der vergleicht eher die Preise: Armut macht preissensibel.

*

Sprachmauern: Sprache ist die Barriere zwischen den Völkern, die sich im schlimmsten Fall zur Wand des Nationalbewusstseins auftürmt.

*

Europa und die Globalisierung: zwei „große Erzählungen"[19], die man im politischen Diskurs gern zu Legitimationszwecken nutzt.

---

[19] Lyotard, Jean-Francois: Postmoderne für Kinder, Passagen Verlag 1996, S. 35.

*

Massenmeinung und Massenglück: oft genug Unmündigkeitsbekundungen.

*

Egoismus: die menschliche Grundtönung. Geben: ein Lichtblitz im Grau.

*

Das westliche Ideal: Das westliche Lebensmodell als Exportschlager ist auf lange Sicht ein guter Weg in den ökologischen Ruin.

*

Freuds „Unbehagen in der Kultur"[20] vulgärpsychologisch: Man geht einem mit Erwartungen und Pflichten auf den Sack, sodass Es im Ich um Lust kämpft.

*

Freakshow: Jeder hat eine naturgegebene Individualität. Individualismus aber ist das übertriebene Pathos zur Distinktion.

*

Konversation mit Bekanntschaften: Gespräche mit Bekannten sind oft nur lautes Lippentraining, um die Peinlichkeit des Schweigens zu umgehen.

*

Jede Gruppe funktioniert nach dem Ein- und Ausschlussprinzip: „Wir und die Anderen, wir die Guten und die anderen – da ist Vorsicht geboten."

*

Liebevolles Verhältnis zwischen Politik und Wirtschaft: Wo Demokratien sind, da ist die freie Marktwirtschaft nicht fern.

*

Leise revoltieren: Sich langsam unbrauchbar machen.

---

[20] Vgl. dazu: Freud, Sigmund: Unbehagen in der Kultur. Reclam Verlag 2010.

*

Janusgesicht: Urlaub ist die Auszeit vom Alltag. Aber: durch die exklusive Abwesenheit des Alltäglichen ist er Indiz für die Dominanz desselben.

*

„Schuld" für die Nachgeborenen des Holocausts ist der falsche Begriff. „Fremdscham" trifft es eher: Scham *als* Mensch darüber was Menschen ihresgleichen antaten.

*

Syllogismus politischer Verlogenheit: Politiker sind Menschen. Menschen sind verlogen. Konklusion: Auch Politiker sind verlogen.

*

Antrieb: Nicht das Öl oder die gesunkenen Transport- oder billigen Lohnkosten halten die Weltwirtschaft am Laufen, sondern unsere Begierden.

*

Entertainment-Existenzen: Erarbeiteter Lebensunterhalt und konsumförmige Unterhaltung – ein geschäftiges Leben, rund ums Entertainment gebaut.

*

„Entertainmentalität"[21]: Die verbreitete Haltung, sich gern unterhalten zu lassen, um die mühevolle Arbeitszeit lustvoll zu kompensieren.

*

„Selbstmanagementalität"[22]: Die aus Freiheit erzwungene Haltung sich und sein Leben nach Maßgabe des Marktes zu verwalten und sich schön produktiv zu verhalten.

*

---

[21] Vgl. im Gegensatz zu meiner Wortneuschöpfung: Foucault, Michel: Die Governementalität. In: Bröckling/Krasmann, Lemke: Gouvernementalität der Gegenwart. Suhrkamp Verlag 2000. Vgl. dazu auch: Stenz, Mario: Leistungsgesellschaft und Doping. Grin Verlag 2007, S. 7.
[22] Ebd.

Innovation und Tradition: Gute Ideen geben eine Richtung vor, aber die Mentalität als gedankliche Gewohnheit beherrscht meist den Fortgang.

*

Das Gefühl des Unbehagens über die Eigendynamik der globalen Wirtschaft, die der Staatspolitik die Souveränität raubt, heißt: Ohnmacht. Ihre Folge ist: Wut!

*

Wertindividualisiert: Der allenthalben beklagte „Werteverfall" ist kein Verfall, sondern eine Form des Wertezerfalls: die Partikularisierung der Bedeutsamkeiten.

*

Dialektik: die Informationsflut informiert nicht, sondern führt zur strukturellen Überforderung, so dass man sich vermehrt *um sich sorgt*.

*

Gelöscht: Noch einige Jahre TV und Co., dann werden vermutlich Begriffe wie „Scham", „Ekel", „Entsetzen" wegen emotionalem Unverständnis aus dem Duden entfernt.

*

Ein bisschen Gruppensoziologie: Fast jede Gruppe hat ihren Clown in der Runde, der den Zwang verspürt, witzig sein zu müssen, damit es nicht allzu still wird.

*

Kulturkampf: Kulturunterschiede liegen in gefestigten Deutungsweisen der Dinge und des tätigen Umgangs damit. Nur welche Kultur darf die Deutungshoheit fordern?

*

Entfremdung: Ich bin auf den Tag gespannt, an dem man jemand auf der Straße „Guten Tag" wünscht und man dafür wegen öffentlicher Belästigung angeklagt wird.

*

Kehrseite: Depression, Burn-out, Haltungsschäden, Selbst-(Ausbeutung), Herzinfarkte: Eine Leistungsgesellschaft ist immer auch *eine Leidensgesellschaft.*

*

Arme Nächstenliebe: Bei vielen erweckt Höflichkeit und Zuvorkommen das Gefühl des Misstrauens, da man Mitmenschlichkeit fast nur noch vom Hörensagen kennt.

*

Gewissen: „Sei schön und erfolgreich, sei intelligent und glücklich, sei du selbst und genieße!" - Unser „Kultur-Über-Ich"[23], an dessen Vorgaben wir uns abarbeiten.

*

Ein Ziel und Sinn haben: Solange materielle Reichtum als gesellschaftlich erstrebenswert erscheint, hat Armut einen Sinn.

*

Grundausstattung: Gesundheit, Essen und Trinken, ein Dach überm Dez, Freiheit, Sicherheit, Sinn, Freunde und einen klaren Verstand ist jedem zu wünschen.

*

Familiengründung: Wer willentlich eine Familie gründet, in dessen Aussagen schwingt in jedem *Ich* ein *Wir* mit.

*

Menschlicher Umgang: Bist du unten, treten sie mit Genuss noch einmal nach; bist du oben hängen sie dir schmeichelnd am Hosensaum.

*

In der sozialen Rollen ist qua Erwartung Moral eingeschrieben: wer aus der Rolle fällt wird durch Verachtung merken, was als richtig erachtet wird.

*

---

[23] Freud, Sigmund: Unbehagen in der Kultur. Reclam Verlag 2010 , S. 96.

Der Ruf des Zeitgeistes nach Flexibilität: Die Kernkompetenz des marktgenötigten Subjekts zum Mit-Machen-Müssen.

*

Orientierung: Bei vielen Menschen hat man das Gefühl, dass sie Klischees als Anweisung und Stilmuster verstehen und dann alles dransetzen, um sie zu erfüllen.

*

Augen auf: Die Geschichte ist voll von Gräueltaten, aber um zu erkennen, dass Menschen bis zur Brutalität grob und dumm sind, reicht schon der Alltag aus.

*

Suche nach Erhebung: Menschen brauchen Idole zu denen sie aufschauen können. Im Blick nach Oben fühlen sie sich aufgehoben, denn der Blick nach oben erhebt.

*

Wissenskultur: Die Explosion des Weltwissens degradiert selbst Professoren zu Idioten.[24] Der Begriff für den geistigen Zustand der „Normalen" steht noch aus.

„Sapere aude": Viele glauben eher einem Professor als einem Maurer, auch wenn sie Ähnliches nur anders sagen: Autoritätsgläubigkeit narkotisiert den Verstand.

*

Bessert euch: Die „Gutmenschen"- Ideologie ist weit verbreitet, oder wer kennt jemanden, der sagt: „Mein Vorsatz ist es ein schlechterer Mensch zu werden!"?

*

Überformung: Wir handeln aus Gewohnheit, kulturellen Mustern und Üblichkeiten heraus – manchmal wissen wir wirklich nicht was wir tun – wir werden getan!

---

[24] „Idiot" im alten Wortsinne des „Laien".

„Bezaubernder" Ausgleich: „Die Entzauberung der Welt"[25] erfährt im Science Fiction - und Fantasiefilmen *eine kurzweilige* cineastische Kompensation.

*

Trick: Da es ohne Geld nicht geht, stelle ich mir morgens oft den Wecker eine Stunde früher, drehe mich um und erhalte mir so die Illusion der Selbstbestimmung.

*

Sich ums Äußerliche, seinen Körper und sein Aussehen zu kümmern: Fassadenpflege mit Haltbarkeitsproblemen.

*

Globalkultur: Es ist fast gleichgültig, wo man auf der Erde hinreist. Der Eindruck festigt sich, dass man sich immer in Richtung Westen bewegt.

Haben statt Sein: Die meisten Menschen haben ihre Erlebnisse; nur die Wenigsten erleben sie auch.

*

Anarchismus: Ein Optimismus in die Güte der menschlichen Natur, die an Träumerei erinnert.

*

Vulgär-Sozialismus: Eine Forderung nach Gerechtigkeit aus Gründen des Neides, von jenen, die auch gerne Macht hätten und bestimmen wollen.

*

Neider und Konkurrenten: In ärmeren Ländern sind die sozialen Verbindungen häufiger als in reichen Ländern, ganz so, als errichte der Materialismus Mauern zwischen uns.

*

---

[25] Weber, Max: Wissenschaft als Beruf. Reclam-Verlag 1995, S.19.

Historische Transformation öffentlicher Anklage: Wozu früher der Pranger diente, das erledigt heute die Boulevard-Presse in Farbe.

*

Die Devise „Neu ist gut" hat sich im Gedanken an die ewige Jugend auf den Menschen übertragen: In Würde altern darf Mensch und Ding kaum noch.

*

Grundbefindlichkeiten: Bei so vielen Entscheidungssituationen, die einem das moderne Leben abverlangt, werden Unentschlossenheit und Reue fast zu Lebensgefühlen.

*

Medizin: Da wir in einer Kultur der Kritik leben, wo jeder gern auf die Defizite blickt, sind Selbstgenügsamkeit und Selbstlob Medizin gegen die Finger in der Wunde.

*

Kulturkritik der Kritikkultur: Die Kritik die mahnt, um es besser zu machen, macht krank, wenn sie maßlos wird - denn es ist kein Ende der Optimierung in Sicht.

*

Im Fokus der Kritik: Um Kritik zu vermeiden ist die beste Möglichkeit nicht geboren zu sein.

*

Wenn Moral erodiert, dann haben die Gerichte Hochkonjunktur: das Gesetz übernimmt dann die sozialregulierende Aufgabe, die Konvention und Tradition innehatte.

*

Schwindendes Gefälle: Durch die Ubiquität der neuen Medien wird das Land *verstädtlicht*.

*

Unterwegs: Globales zersetzt die Heimat, Wahrheit steht im Plural, Jobs und Partner wechselt man wie Unterhosen: Modernes Leben schafft wieder Nomaden.

*

Kulturstempel: Wir kommen nackt auf die Welt, aber keiner kommt ohne Narben und Schäden wieder raus.

*

Stadtcharakter: Städte offerieren viel; neben Arbeitsmöglichkeiten, vor allem Möglichkeiten Geld auszugeben und unzählige Angebote zur Zerstreuung.

*

Erfolg heißt: etwas hat Folgen, es erfolgt etwas. Da jede Aktion ihre Folgen hat, hat jeder stets Erfolg. – Nur wer ist geistig frei darin Reichtum zu sehen?

*

Industrielle Revolution: 4,6 Milliarden Jahre ist die Erde alt, aber nur zwei Jahrhunderte reichten und die Erde glänzt in ökologischem Unheil. Top Leistung - Mensch!

*

Konsum I: Wenn weniger gekauft wird, wird weniger produziert. Wenn weniger produziert wird, steigt die Arbeitslosenzahl: Konsum ist ein sozialer Akt.

*

Konsum II: Konsum heißt Verbrauchen. Verbrauchen heißt Vernichten. Wenn Konsum ein sozialer Akt ist, dann ist Vernichten ein sozialer Akt! Wie jetzt?

*

Ohnmacht und „Black Box": Die eigene Ohnmacht in Bezug auf die Anderen liegt darin, dass man über ihre Meinung, die sie über uns haben, nicht verfügen kann.

*

Elitäre Gesetzgebung: Gesetze und ihre Formulierung müssten sich am Dümmsten orientieren, damit auch dieser seine Rechte wahrnehmen kann.

*

Unwissend unterworfen: Wo kämen wir hin, wenn jeder seine Rechte wahrnehmen würde, *weil* er sie kennt? Unwissende „Rechtssubjekte" lassen sich leichter regieren.

*

Ungleiche Verhältnisse: Verletze eine Pflicht und man wird dich darauf hinweisen. Vergiss dein Recht und kaum jemand wird dich daran erinnern.

*

Passend gemacht: Konformitätsforderungen sind eine Art verabreichte Selbstverstümmelung. - Vorausgesetzt: man hat sich schon gefunden!

*

Die Maschine: „Man muss die Wirtschaft wieder ankurbeln!" – Und metaphorisch weitergedacht sind *wir*: Treibstoff und Verschleißteil im Motor des Ganzen.

*

„Sei anders!" – So spricht der Zeitgeist. Nur: wer verdient am Distinktionsappell? Die Industrien, die massenhaft „Andersheit" verkaufen!

*

Unikat in Uniform: Selbst in Uniform ist Individualität möglich, da nur eine eigene begründete Meinung genügt, um sich und Einzigartigkeit zu demonstrieren.

*

„Höher, schneller, weiter!" – Das Allerwelts-Prinzip des „Mehr ist besser" kann noch kürzer gefasst werden – sein Name ist: Gier!

*

Inhaltloses Reden: Aussagen, die den geistigen Status eines Hustens haben: aufmerksamkeitserregende Laute mit nur jähem Luftausstoß ohne Inhalt.

*

Scheinindividuum: Viele geben sich äußerlich viel Mühe, um individuell zu wirken, aber dann machen sie den Mund auf und raus kommt meist: immergleiches.

*

Mode: Was einem gefällt, zeigt man, indem man es trägt, aber nicht alles was einem tragend gefällt, „steht" einem zwangsläufig auch.

*

„Wissen ist Macht": Geheimdienste sind Institutionen, die im strategischen Machtkampf der Nationen für einen Wissensvorsprung sorgen sollen.

*

Trivia: Ein Geheimdienst, der nicht mehr geheim ist, der ist kein Geheimdienst mehr.

*

Krisen: Was früher Tradition und Konvention an Entscheidungshilfen boten, lastet heute als Reflexion und Orientierungssuche bei den Einzelnen.

*

Subjektive Wirklichkeiten überall, aber es gibt normierende Wirklichkeitsinstanzen, die einen zurechtstutzen: Polizei, Recht, Psychiatrie, Lehrer,…

*

Zu viel: Morgenmuffeligkeit ist keine Laune, sondern ein Lebensgefühl, das eintritt, wenn der Kulturbetrieb an der Institution „Schlaf" rüttelt.

*

Keile: Fragen wie „Warum" oder „Wozu das Ganze?" sind Keile im Getriebe der allgemeinen Geschäftigkeit, die zur basalen Veränderung Anlass geben.

*

Coffein, Aspirin, Ritalin und Co.: Der Alltag der Leistungsgesellschaft hat auch seine Stimulanzen, damit man stramm steht und produktiv bleibt.

*

Konsequentialistische Marktmoral: Wenn Erfolg Recht gibt, dann hat das Richtige keinen Erfolg mehr.

*

Bewusster Wohlstand: Was ich an Wasser nebenbei in der Klospülung versenke, das haben manche Menschen in Drittweltländern am Tag nicht zu trinken.

*

An alle Sonntagshasser: Wer am Sonntag keine Erholung braucht, der arbeitet die Woche hindurch zu wenig.

*

„Powernapping": Wer „Power nappen" will, der soll das tun. Ich nenne es noch immer „Mittagsschlaf".

*

Markt und Metaphysik: Ein *Spekulationstrieb*, der wissen will, wie weit man gehen kann, tobt sich an der Börse und in der Frage nach dem Ersten und Letzten aus.

*

Langsamkeit: Menschen aller Länder entschleunigt euch. Es herrscht Panik in allen Passagen und Gesichtern, denn die Furcht, etwas zu verpassen, geht um.

*

Die Versprechen der Werbung: Produktpropaganda.

*

Im Wartezimmer: Zwei Patienten reden über ihre Gebrechen und überbieten sich. Es gibt auch einen Wettkampf der Negativität: Wer leidet mehr?

*

Funktionsregeln des Systems: Arbeite und bete etwas an, kauf` viel, aber denke nicht nach, schaue weiter fern, zeuge, habe Angst und halt den Mund.

*

Menschen im kapitalistischen System: Produzierte Verbraucher und gebrauchte Produzenten, die bis zum Ausbrennen verbraucht werden.

*

Systemlähmung: „Kauf, kauf!" – So lautet der Imperativ der Zeit. Vor diesem Hintergrund ist Verzicht fast ein revolutionärer Widerstandsakt.

*

Gedankenlos in die Natur geschmissen: Wo Menschen sind, dort muss man nach Müll nicht lange suchen.

*

Der Markt ähnelt einem Verdauungstrakt: Er nimmt in sich auf, was verwertbar ist - der Rest ist Ballaststoff und wird schön ausgeschieden.

*

Paradoxie: Die Antworten auf die Probleme des Fortschritts sind: Innovationen – also: Fortschritt.

*

Szenen im Alltag: Warum ins Theater gehen, wenn es zur Unterhaltung genügt den Inszenierungen im Alltag beizuwohnen?

*

TV- Wettbewerb der Desaster: „Rekordflut" heißt es – auch Katastrophen kennen aus Sensationsgründen ihren Komparativ.

*

Immanente „Selbstübersteigerung": In einer nahezu säkularen Welt scheint Selbstoptimierung zur letzten Erfahrbarkeit von Transzendenz zu werden.

*

Universitätserfahrung: Ort mit dem höchsten Eitelkeitsverkehrsaufkommen im zwischenmenschlichen Umgang.

*

Systemfessel ohne ersichtlichen Ausweg: Geldgängelung.

*

Sei du selbst: „Das Selbst" als offenes Projekt der Selbstverwirklichungsideologie, für dessen Zurichtung und Zierde man Geld ausgeben *soll*.

*

„Sein Ding machen": Was früher noch Punk war, ist heute der Mainstream der Selbstverwirklichungsmentalität.

*

Kommensurabel: Was einen Preis hat wird vergleichbar: Geld nivelliert die Nuancen und vereinheitlicht die Unterschiede. Geld negiert den Reichtum der Welt.

*

Echt? - „Geld ist nicht alles", sagen viele Reiche! – Ist dieser Spruch nicht erst aus dem Mund jener glaubwürdig, die mit der Armut per Du und *hinzu* froh sind?

*

„Zeit ist Geld" - Ja und Nein, denn Zeit ist die Möglichkeitsbedingung für vieles – wovon Geld machen nur ein Aspekt ist. Zeit ist Leben und Leben ist bunt.

*

Realpolitik: Sozialpolitik ist Prophylaxe des Bürgerkrieges.

*

Sein sollen: Der „homo oeconomicus, eine Fiktion"[26] der Mikroökonomie, die aber in der Realwirtschaft als Modellierung der Menschen zur Profitsteigerung dient.

*

Fortschrittsfolge: Wenn die erste, von der Erde sichtbare Weltraumstation auf dem Mond gebaut ist, werden alle romantischen Menschen Schwarz tragen.

*

Interessen: Haftet den globalen Demokratisierungshilfen nicht immer auch der Geschmack an, neue Absatzmärkte zu finden? – Staatlicher Altruismus als Alibi?

*

Internetsurfen: Vermutlich war die Ablenkung mit nur fünf Fingern noch nie so einfach wie heute.

*

Mitmachbedingung: Die politische setzt die theoretische Partizipation voraus, denn ohne Weltwissen, sieht man nicht wo und wie Mitbestimmung *überhaupt möglich* ist.

*

Definition „Marketing": Marktorientierte, wissenschaftlich fundierte Unternehmensführung, mit dem Ziel, die Kunden effizient um ihr Geld zu erleichtern.

*

Aus Knappheitsgründen: Sich etwas zu eigen machen zu wollen, was von allen gewollt, aber nicht für alle ausreichend da ist, ist die erste Kriegserklärung.

*

Schulpflicht: Schule ist der erste Ort an dem Kinder neben der familiären Fremdbestimmung die Macht von Vater Leviathan kennenlernen.

---

[26] Recktenwald, Horst C.: Wörterbuch der Wirtschaft. Kröner Verlag 1990, S.260.

*

Erinnerung: Die Männer-Romantik des Stammtischs liegt vermutlich in der archaischen Reminiszenz ans Lagerfeuer.

*

„Die Epoche der Bourgeoisie hat die Klassengegensätze vereinfacht."[27] - Ähm, oder hat Marx die Sache nur vereinfacht dargestellt?

*

Feierabend: Oft die einzige Tageszeit, die im Leistungsbetrieb mit Menschlichkeit konform geht.

*

Gefangen: Der Moment, wenn der Blick in den Terminkalender Klaustrophobie erzeugt, ist der Moment, in dem man weiß, dass es Zeit für Urlaub ist.

*

Kurze Zeitdiagnose: Die überinformierte Ära des Entertainments.

*

Im Umgang mit Menschen gibt es einen untilgbaren Unsicherheitsfaktor: viele handeln zwar für gewöhnlich aus Gewohnheit, aber ein Unberechenbarkeitrest bleibt.

*

Abgang ohne Ehre: Wulf, Guttenberg, Schavan und Co. – Oder: Wie sich der Wert der Integrität in der Politik selbst abschafft.

*

Von Jägern und Sammlern: Schnäppchenjäger und Allessammler – die Käufermärkte machen dem Urmenschen in uns reizvolle Überangebote.

*

Eiszeit: Es sind grobe Zeiten, in denen das Display des Smartphones fast mehr Zärtlichkeiten erfährt als die Mitmenschen.

[27] Marx, Karl/ Engels, Friedrich: Die Frühschriften. Kröner Verlag 1971, S. 526.

*

Reputationen und Titel: Vertrauensstützen, so dass man gern und bedenkenlos Glauben schenkt.

*

Bekenntniswandel: In der Antike hieß es „Erkenne dich selbst". Im Mittelalter: „Bekenne dich zu Gott." Heute heißt es: „Zeig dich! Bekenne dich zu dir selbst".

*

Medial verbreitete Sichtweisen: Strategien in der subtilen Regierung des Sehens und Weltverstehens.

*

Irdische Schuld(en): Früher wurde man wegen der Erbsünde mit Schuld geboren, heute kommt man als Staatsbürger mit theoretischen Schulden auf dem Konto zur Welt.

*

Menschen bilden mit anderen, die ähnliche Interessen haben Gruppen und bekämpfen andere: Interne Kooperation – eine Art sozialer Egoismus.

*

Menschen im Verkehr – auch ohne Karneval: Masken tragen und das Spiegeln der Masken.

*

Untätig tot? - Der Begriff „Existenzgründung" ist verräterisch: denn nur wer wirtschaftlich tätig ist, der hat angeblich auch Grund zu sagen: „Ich existiere!"

*

Böse Brut: Wo sich Dummheit und Hass paaren, kommt Gewalt zur Welt.

*

Leiharbeit und Co.: Mancher Stundenlohn ist Stundenhohn.

*

Der "Sei du selbst"- double bind: der paradoxe, weil fremdbestimmte Imperativ einer "Multioptionsgesellschaft"[28] im Authentizitätsstress.

*

Zeitenwende: Jobs ersetzen den Beruf, Lebensabschnittspartner die Liebe und Augenblicksspaß tritt an die Stelle der Suche nach dem eigenen Sinn im Ganzen.

*

In and out: Moden sind eine Art Moral des Ästhetischen, die Angaben des „Angesagten" und die Richtlinie des inkludierenden Geschmacks verbreiten.

*

Kulturelle Brille: In Indien sitzen Götter auf den Rücken der Rinder. In unseren Schlachthöfen brennt man höchsten den Preis ein, den ein Rindsrücken abwirft.

*

Von Wochenende zu Wochenende leben: Das Inselhopping der Arbeiterklasse.

*

Prägung: „Die Existenz geht der Essenz voraus."[29] - aber nicht selten bestimmt die Art der *Subsistenz*, - unsere Arbeit - was wir sind und werden.

*

Prämisse: Fremdenfeindlichkeit müsste eigentlich jedem fremd sein, denn dies setzt voraus, dass man die eigene Kultur erschöpfend kennt und erkennen kann.

*

---

[28] Vgl. dazu: Peter Gross: Multioptionsgesellschaft. In: Pongs, Armin: In welcher Gesellschaft leben wir eigentlich? Bd.1 Dilemma Verlag 1999.
[29] Vgl. dazu: Sartre, Jean-Paul: Der Existentialismus ist ein Humanismus. Philosophische Schriften I. Gesammelte Werke. Rowohlt Verlag 1994, S. 120.

Denkt! - „Was für ein Glück für die Regierenden, daß die Menschen nicht denken!"[30] – Wer denkt, der unterläuft seine Regierbarkeit.

*

Der Fetisch des Wirtschaftswachstums- Oder: Was Bruttosozialprodukt eigentlich heißt: BSP = „Buckelt, schafft Profite!"

*

Das Fehlende als Funktionsweise: Die Wirtschaft funktioniert umso besser, je eher es gelingt, Menschen einen Mangel – etwas was fehlt – wahrnehmen zu lassen.

*

Mit sinkendem Einkommen steigt die Priorisierung der nachgefragten Güter: Geldknappheit macht Käufer wählerisch.

*

Kultivierte Sublimierung der Aggression im Umgang: Tiere fressen sich, Menschen messen sich.

*

Keine Distanz: Angepasst ist, wer seine sozialen Rollen mit Ernst spielt, weil er vergessen hat, *dass* er sie spielt.

*

Nicht ganz ernstgemeinte Beobachtung bei Tisch: Serviette auf dem Schoß heißt sich kulinarisch anschnallen.

*

Aufgepäppelte Konformität: Was früher Anpassung hieß, nennt sich heute „Flexibilität" und „Teamfähigkeit"

*

„Der gute Europäer": Europa, USA, China und Co. sind Machtblöcke, für deren Ideologie der Einzelne zum Wirtschaftslakai werden soll, der Erträge schafft.

---

[30] Hitler, Adolf. Zitiert in: Miller, Alice: Am Anfang war Erziehung. Suhrkamp-Verlag 1983.

BWL-Einführung: Dozent referierte über Hannibals Strategie und Feldzug gegen Rom. - Wie? Wirtschaft ist Krieg mit anderen Mitteln?

*

Unerreichbar: Wer glaubt, Glück sei käuflich, der rennt ihm ewig nach, weil der Markt auf Neues setzt und darum das käufliche „Glück" kein Ende hat.

*

Diktierte Demokratien: Durch die Zentralisierung der Macht in der europäischen Union, werden die demokratischen Entscheidungsprozess der Länder untergraben.

*

Fremdenfreundlich: Wer versteht, dass sich jeder selbst letztlich fremd bleibt, der kann vielleicht auch das Fremde außer sich eher akzeptieren.

*

„Schöne neue Welt"[31]: Was einst als Warnung gedacht war, mutiert zur Vision: Wer den Menschen die Zukunft ausmalt, der lädt sie ein, sie auch zu verwirklichen.

*

1.1 Eine heitere Runde Volkskunde

*

Der „Volksmund": *Eine* sentenziöse Ausdrucksform des „Man."[32]

*

Der Fernseher: Der bürgerliche Lektüreersatz, das bewegte Hörbuch fürs Volk.

---

[31] Vgl. dazu: Huxley, Aldous. Schöne neue Welt. Fischer Verlag 1981.
[32] Heidegger, Martin: Sein und Zeit. 17. Auflage. Niemeyer Verlag 1993, S. 126ff.

*

„Morgenstund` hat Gold im Mund" – Oder: der Zynismus des Volksmundes, für jene, die gern ausschlafen.

*

Volksmund entlarvt: Jene die Sport gern als Mord beschreiben, sind oft jene, die Sport nicht gern und oft betreiben.

*

Schlagermusik: Die klangliche Discountpackung Pathos des Volkes.

*

Die Welteroberung des 21. Jahrhunderts: Massentourismus ist moderner Kolonialismus der Wohlstandsvölker.

*

BTM: Das Betäubungsmittel Alkohol fällt vermutlich nicht unter das BTM-Gesetz, weil dem *arbeitenden Volk* ein Recht auf Betäubung und Vergessen bleiben muss.

*

Kaffee: Das legale Volksamphetamin, das Koks des kleinen Mannes.

*

Dummheit des Klügeren: „Der Klüger gibt nach", sagt der Volksmund. Weiter gedacht heißt dies aber: die Dummheit setzt sich durch.

*

„Coolness": Ein Affektkäfig der Vielen, der moderne Stoizismus des Volkes.

*

Die Zote: Eine wenig salonfähige Sexphantasie des Volks mit Schenkelklopfer und Erleichterungseffekt.

*

Opium: Er berauscht und lässt hoffen, er benebelt, macht süchtig und egoistisch, er weckt Streben und ist von kurzem Glück: Erfolg - das neue „Opium des Volkes."[33]

*

Maximen light: „Geiz ist geil", „Denk' an dich", „Nicht an Geld denken kann man nur als Karpfen" etc. – die Sentenz fürs Volk schreibt heute die Werbebranche.

*

Bürgerlicher Massentourismus im Urlaub: Die Sehnsucht nach der Heimat ohne Routine in einem anderen Land.

*

Neues Brot, das Spiel und anderes: Arbeit braucht das Volk, am Wochenende Fußball und viel Unterhaltung, so dass die Mehrheit sich froh und gern beherrscht gibt.

*

Die Couch: Der Himmel der Faulen und die Sänfte des Feierabends des arbeitenden Volks.

*

Seelenabbild: Die Ordnungsliebe im Leben ist Abbild der Angst des Bürgers vor dem Chaos der Freiheit. Der gute Bürger liebt es sicher und *ist* aufgeräumt.

*

„Der Volksmund sagt…" - Sprichwörter sind Orientierungshilfe und vorgekaute Sinnstiftung zur Füllung von Vernunftlücken.

*

Dosierte Aufklärung: Dem Volk darf nur so viel Wissen zugemutet werden, dass es sich für informiert hält, um weiter zu funktionieren. Zuviel Wissen gäbe zu viel Macht.

*

---

[33] Karl, Marx: Frühschriften. Kröner Verlag 1971, S. 208.

Spießigkeit ist keine Frage der Lebensführung, sondern der Einstellung: Auch unter Punks leben Spießer, ebenso wie es Freigeister im Smoking gibt.

*

Volksbegehren: „Ordnung ist das halbe Leben" sagt der Volksmund. Die übrigen fünf Prozent sind Vergnügen und die restlichen 45 Prozent - Arbeit!

*

Volkssterben: Verbindlichkeiten schwinden, Verständnis für einander nimmt ab, Solidarität sinkt, jedem das eigene Leben – ist „das" Volk nicht schon tot?

*

Begrenzungsbrechreiz: Wo wieder „Wir sind das Volk!" gerufen wird, da bekommt jeder Weltbürger, aus Gründen der neonationalen Begrenzung, Brechreiz.

*

1.2 Vom Grau und Glanz der Arbeit

*

Froh mit der Arbeit: Wer lebt, um zu arbeiten und in seiner Arbeit Sinn und Erfüllung findet und das Ganze hinzu freiwillig tut, der darf sich glücklich schätzen.

*

Durchhaltemythos: Der „Mythos von Sisyphos"[34] ist ein reaktionäres Gleichnis des Arbeiters: Ist die Maloche zu Ende beginnt sie aufs Neue, - und damit soll man froh sein!

*

---

[34] Camus, Albert: Der Mythos des Sisyphos. Rowohlt Verlag 1997, S. 123-128.

Denkstopp: Es gibt Arbeitstage, da wünscht man sich das rauchende Gehirn liebevoll mit einem kühlenden Samttuch in den Schlaf gestreichelt.

*

Feierabend: Wenn der Tag voll und laut an der Menschen Worte war, spielt die Stille die schönste Musik.

*

Kern: Legale Arbeit ist der Nukleus der Gesellschaft: Existenz- und durch Steuern staatssichernd, Produkt- und Dienstleistungsfördernd und Konsum generierend.

*

„Ein Beruf ist das Rückgrat des Lebens"[35], wenn man liebt was man tut. Aber Arbeit kann auch das Kreuz des Daseins sein, das man trägt - wenn sie verhasst ist.

*

Arbeitsregel: So viel tun bis einen der Ekel packt, denn dann ist alles getan. Wenn es dann unpassend ist, weiß man zumindest: mehr konnte man nicht geben.

*

Mal ehrlich: Wer nur von Wochenende zu Wochenende lebt, der hat einen scheiß Job.

*

Arbeitsantriebe: Das Geringste wird aus Faulheit, das Gewöhnliche aus Pflichtgefühl und das Besondere aus Lust, Selbstgefälligkeit und Genialität getan.

*

Frei nach Eichendorff: "Ihm war es wie ein ewiger Montag im Gemüte"[36] – Notiz aus dem Leben eines missmutigen Angestellten.

---

[35] Nietzsche, Friedrich: Menschliches Allzumenschliches I. De Gruyter 1999, S. 334.
[36] Vgl. dazu: Eichendorff, Josef v.: Aus dem Leben eines Taugenichts. Reclam Verlag 1990, S. 3.

*

Arbeitszentriert: Ob in der Plan- oder der freien Marktwirtschaft,- beide Wirtschaftsformen haben die Arbeit im Zentrum – um sie kam bisher kein System herum.

*

Das Unschöne an der Arbeit: man ist meist abends zu müde für die wirklich wichtigen Dinge: Liebe, Sport, Lesen, Schreiben, gute Gespräche...

*

Eigeninteresse: Es klebt Herzblut an dem, was man gern tut, darum ist zumeist die Arbeit mehr als gut, die man gern tut.

*

Ambivalenz: Das Gute an der Kopfarbeit: es gibt immer etwas zu tun. Das Schlechte an der Kopfarbeit: es gibt immer etwas zu tun.

*

Motivation zum Selbstausrechnen für die Arbeitsmüden: Noch_____mal schlafen, dann ist Ruhestand – zumindest, wenn die Rente ausreicht.

*

Vorschlag fürs Arbeitsrecht: Auch das Recht den Arbeitgeber entlassen zu dürfen sollte im Arbeitsrecht verankert werden, damit auch die Besitzenden sich bemühen.

*

Kriterium: Woran erkennt man einen Workaholic? Arbeit bezeichnet er als bezahltes Hobby und Freizeit als Zeitverschwendung.

*

Sie bleibt (be-)stehen: Arbeit ist angstlos - sie läuft nicht weg, auch wenn man laut schreit.

*

Mittel zum Zweck: Arbeit wird zum Elend, wenn man sie nur des Geldes wegen ausführen muss.

Teamsitzung: Arbeitsaufträge wurden verteilt. Kollege meldet sich und meint: „Also mal ehrlich, ich brenne gerade prophylaktisch aus."

*

Arbeit als Vorfreude: Arbeit ist beizeiten die reinste Freude auf Feierabend.

*

Anfang finden: Mit unliebsamen Aufgaben ist es oft so, als ob man kotzend am Fuß eines hohen Berges steht und hinauf *muss*. Frag nicht nach Lust und fang an.

*

Lob der Mittagsschläfchens: Wer müde ist und ruht, tut sich und den Anderen gut.

*

Arbeitslos und Identität: Da die Arbeitsmarktentwicklung nicht vorhersehbar ist, sind Identität und das Ansehen, das sich auf die Arbeit stützt, ein Wagnis.

*

Produktivitätssteigerung: Um die Angestellten aus Existenzangst zur Leistungswilligkeit anzuhalten ist der befristete Vertrag ein sinnvolles Mittel.

*

Antrieb: Es gibt Tage, die dürften nicht sein, aber weil es diese Dürftigkeit gibt, gibt man seinem Bedürfnis nach Besserem Feuer.

*

„Gut gemacht": Das Schlechte an manchen Mühen, die man sich macht, ist: kaum jemand dankt es einem. Da hilft nur eins: Klopf dir selbst auf die Schulter.

*

Unbewusste Folge: In allen Dingen *um* uns steckt Arbeit anderer Menschen. Die Dinge schnell wegwerfen heißt dann auch die Arbeit und Mühen der Andren missachten.

*

Hohn: Arbeit nur als Mittel zum Zweck des Gelderwerbs zu sehen verhöhnt die Zeit, die man darauf verwendet, - da sie immer auch Lebenszeit ist.

*

Verwandlung: Wenn Arbeit sich mit Lust paart wird Spiel daraus.

*

Hölle auf Erden: Wer seiner Arbeit nur noch mit Verachtung und Zynismus begegnet, dem veralltäglicht sich die Hölle.

*

Lob des Übermaßes: Wer sich an ein Übermaß gewöhnt hat, sei es bei der Arbeit oder beim Sport, dem ist alles, was weniger ist, eine Spielart des Vergnügens.

*

Sklave: Wer am ungewollten Existenzminimum und nur für die Arbeit lebt, weil er arbeiten muss, ohne es zu wollen, der ist ein Sklave.

*

ABM des Übels: Umweltzerstörung, Hunger, Kriege, Fanatismus, Unterdrückung, Ausbeutung usw. Das Positive des Übels? – Es schafft Abschaffungsarbeit!

*

Minimalforderung: Arbeit ist vielleicht unumgänglich, - aber human sollte sie sein.

*

Sechs Tage Sonntag: Wäre Gott ein Genie gewesen, dann hätte er die Erde an einem Tag gezimmert und wir einen Tag Arbeit und sechs davon frei.

*

Trockenübung: Es liegt viel Arbeit vor mir und ich beginne mit dem Einfachsten: atmen, aus dem Fenster schauen und von besseren Tagen träumen.

*

Leiharbeit: „Amazon", nur ein Tropfen im Meer profitorientierter Unternehmen. In der Leiharbeit und ihrer politischen Legalität liegt der eigentliche Skandal.

*

Wozu: Alle Arbeit wird leichter, wenn man einen Sinn darin sieht.

*

Die Arbeitsabhängigkeit der Menschen macht sie zu Marktmarionetten, da der Sachzwang zum Einkommen die Fäden zieht, die Menschen zur Jobwahl bewegen.

*

Zwang zur Arbeit: Frei wären die Menschen erst, wenn die Freiheit bestünden Arbeit abzuwählen, *ohne* dass man dadurch existentiell und sozial benachteiligt wäre.

*

Erstes Intermezzo: Schriftbilder fürs Poesiealbum
`*

Konnotatives KO: Das „Poesiealbum" hat dem Begriff der Poesie einen infantilisierenden Tiefschlag erteilt, von dem er sich konnotativ nicht mehr erholt.

*

Sie: Ihr Gang, frei, und einer Göttin gleich, pure Lyrik ihr Lächeln, durch Erfahrung geschult der Verstand und von entwaffnender Hingabe jede Geste ihrer Liebe.

*

Schöne Aussicht: Der Mond bringt mir Wein in einem Nachtglas aus Licht und Musik, aus dem die Sehnsucht der Wölfe singt.

*

Die Eine: Sie stand im Menschenmeer, Musik ummalte den Moment zum neuen Morgen, während mein Blick ihre Schönheit in den Arm nahm und zur Poesie trug.

*

Zauber: Der Herbst, in der Hand der Sonne, auf einer Fahrt durch eine Landschaft aus Farben, die das Spiel des Lichts zur Poesie werden lässt...

*

Heimwärts: Der Wind trägt die Blätter und im ersten Grau der Wolken nimmt mich eine süße Nachdenklichkeit an die Hand und geleitet mich nach Hause.

*

Verwandlung: Wo ist der Wein des Anfangs, wo die Zeit für Zartes und die Tiefe des Worts? Wie kam es nur, dass wir zu Wölfen wurden, die sich zerfleischen?

*

Phantasie: Wenn es regnet, zähle die Tropfen, trag´ sie zusammen und träume dich Richtung Sommer und Meer.

*

Sammlung: Er liegt dort hingestreckt - schläft er denn? Nein, er spielt nur Löwe im Schatten der Sonne. Er denkt und gärt zum Fauchen Flammen aus.

*

Bewegung: Ich werde in Nacht und Schnee gehen und tanzen, um kein Dunkel und keinen Staub der Flocken auf den Schultern meiner Stirn zu pflanzen.

*

Erholung: Begehrt wegen seiner schweigenden Schönheit, forciere ich den Schlaf und schlüpfe in lautlose Träume, um die frische Anmut des Morgens zu retten.

*

Frage: Ob der Bewusstseinsstrom wohl irgendwann ins Meer mündet und in seiner hohen Stunde Weite fasst, die unendlich ist und frei?

*

Schutz: Der Winter kommt, doch seitdem ich den Mantel der Liebe und Bejahung trage, ist meine Nacktheit frei von den marternden Schlägen des Dunkels.

*

Hoffnung: Der Mond schmückt die junge Nacht, er schenkt ihr ein Lächeln, das nach dem leichten Tau der Liebe schmeckt, der allen Frühling trägt.

*

Zitadelle: Ein eigenes Leben zwischen den Zeilen des Lebens mit reinen Seitenrändern als Rückzugsort für ein Schriftbild von einsamer Freude.

*

Schwarz: Heute herrscht Leere, schwitzendes Unheil und ein fragloses Schwarz, gequälte Intuitionen und verkürzte Gedanken, auf dem Weg in die Nacht.

*

Andacht: Die Natur ist meine Kirche. Unter den Sternen spreche ich meine Gebete, die Gedichte sind, und singe, in Gedanken schweigend, dem Seienden ein Lied.

*

Babel: Wir trennten uns unweigerlich und irren seit dem im Satzuniversum umher, zu sehen, ob Verstehen und Übereinkunft nicht wieder vereint, was einsam steht.

*

Erneuerung: Lächelnd sank sie in seine Nacht. Auf Schwanenschultern, ein Wort Hoffnung tragend, tanzte sie durch den Traum, einem neuen Tag in die Arme.

*

Begleitung: Ich fand mich allein. Nur der Drang nach Licht folgt auf dem Fuße, wie ein Schatten, der schwer ist und ein Freund, der mich trägt.

*

Menschenmüde: Es gibt Tage, da höre ich lieber dem Gesang des Windes im Werk der Wipfel zu, als dem Gerede der Menschen. Diese Tage werden nicht weniger…

*

Abschied: Unsere Wege trennten sich in Straßen aus Stein, aber die Erinnerungen an die vergangenen Jahre sind ein Garten, in dem wir wuchsen.

*

Sänfte: Wenn du unter Menschen gehst, nimm` etwas Musik mit, damit dich Schönheit trägt, wenn ihr Reden und Raunen dir erneut wie Lärm klingt.

*

Bildung: Kurz ist der Gang in den jungen Garten. Doch sie blieben stehen, formlos und bleich und unterhielten sich – zeitverschwendend.

*

Asyl: Ihre Augen wie Inseln, ihre Arme ein Anker und ihr Dasein überhaupt ist mir eine Bucht, die Zuflucht mit Windstille in Stürmen bietet.

*

Zärtlichkeit: Lass, wenn du liebst, Wein in den Worten sein und Sonne, lass die Zeichen tief und zärtlich werden, so dass ihr Sagen wirkt wie ein Kuss.

*

Wachsam: Das Krächzen der Krähe zwischen den bunten Gesängen im Blau, klingt wie eine schwarze Weisheit, die zur heiligen Treue zum Wesentlichen mahnt.

*

Neue Zeitrechnung: In meinem Jahr Null, als ich aus der Nacht über Mohn und Mond in deine Arme fiel, meine Liebe Frieden und ich in deinen Armen ein Meer fand...

*

Vergessen: Lärm lief durch die totgebauten Straßen. Doch grünhäuptig ragte eine Baumkrone über den Zementzaun, Anmut verheißend, - einen Lidschlag lang.

*

Bestimmung: Wenn der Wind es vermochte sich wahrzunehmen, dann wäre er in der Lage frei seine Richtung zu ändern und die Blätter nach Hause zu tragen.

*

Mythos des Meeres: Das Meer, ein Universum in Blau aus Tränen, die die Erde im Voraus für den Schmerz vergoss, den wir uns und ihr bereiten.

*

Kunst: Sätze, so fein geschliffen und formvollendet, voll der funkelnden Tiefe von Äonen, dass man glaubt im Geist eines Diamanten zu lesen...

*

Stille: Ich gehe in die Nacht, in die maßlose Stille und zapfe die Träume der Schlafenden an, um neue Bilder zu finden und Zuversicht, die frei macht.

*

Wunsch: Ich ergriff mit den Augen meiner Finger den Tau des Regens und erspürte in der Berührung des Wassers das Versprechen des Meeres auf Weite.

*

Schicksal: Lachend im Regen, im Wind, ein Blatt, das taumelt, tanzt und in die Luft Poesie schreibt, Augenblicke - bevor es fällt.

*

Singendes Denken: Welche Freude wäre fühlbar, wenn das Denken zur Musik und Symphonie geworden, den Raum durchflöge, fähig eine Unendlichkeit auszufüllen.

*

Fülle: Die Schwärze genießend, badete ich froh in den bunten Erfahrungen aller absorbierten Farben und malte mit Tusche meine eingebrannten Bilder.

*

Bedürfnis: Warum brauche ich Bücher und Religion, wenn in deinen Worten Weisheit ruht und die letzten Antworten durch deine Augen sprechen?

*

Was brauche ich Melodien, wenn du wie Musik bist! Und was verlangt es mich nach hohen Zielen, wenn in deinen Armen ein ewiges Ankommen wartet?

*

2. Etwas über den Einzelnen

*

Eigenes und anderes: Jeder Gedanke gibt nur so viel her, wie die Anderen in der Lage sind ihm zu entnehmen.

*

Sehnsucht: der intime Masochismus der romantischen Seele.

*

Weg: Um zu wissen, was man will, ist es gut zu wissen, was man kann. Und um zu wissen, was man kann, muss man sich in vielem ausprobieren.

*

Liebe zum Detail: Die kleinen Schrullen und Absonderlichkeiten machen Menschen individuell und schön.

*

Mehrdimensionales Vermögen: Ein geistig freier Mensch vermag in Einem nicht nur eines, sondern vieles zu sehen.

*

Lernort: Trockenen Humor lernt man in der Wüste am besten kennen.

*

Adieu: Der Weg zu sich führt immer von der Masse weg.

*

Vom Alter(n): Alt ist man erst, wenn man keine Aha-Erlebnisse mehr hat.

*

Das Zeug dazu? Wir werden gezeugt und dann qua sozialer Umwelt erzeugt. Aber nicht alle haben dann das Zeug dazu, Erzeuger ihrer eigenen Überzeugung zu werden.

*

Maxime: Lieber selbstgerecht und echt, als für andere gefällig gebogen und anerkannt verlogen.

Methode fürs Wesentliche: Stehst du vor einer Entscheidung, dann suche einen Friedhof auf, spaziere dort und frage dich, was eigentlich wichtig ist – am Ende?

*

Distanz: der Wille überall bei sich zu bleiben.

*

Zwischen Skylla und Charybdis: Sich verstellen, führt zur Verlogenheit, und sich auszuleben, durch den Widerstand der Anderen, zu Verletzungen.

*

Besondere: Es gibt Menschen, die sind wie Poesie in der Profanität des Alltags.

*

Schwere: Intelligenz, gepaart mit dem Hang zur Schwärze, ist ein schweres Vergnügen.

*

„Sapere Aude!" - Wer will aber noch einen mutigen Verstand haben, wenn Mündigkeit Einsamkeit schafft?

*

Reise zu sich: Wer von einer Reise nicht reicher und verändert zurückkommt, der war nicht wirklich weg.

*

Abnutzung: Wer immer alles ernst und verbissen sieht, der geht schon bald auf dem Zahnfleisch.

*

Drei Typen: Es gibt Menschen der Worte und Menschen der Tat, doch erst die wirklich Großen unter uns, vereinen beides in sich.

*

Ein Haus auf zwei Beinen: Wer in sich zu Hause ist, der ist überall daheim.

*

Wartet ab: Optimisten sind meist nur Menschen mit zu wenig Erfahrung.

*

Der Weg zur Originalität: Eigentümlich zu werden, heißt echt zu sein.

*

Gedeihen: Eigene Grenzen verschieben, sich selbst überwinden, Horizonte erweitern und Fähigkeiten ausbauen sind vier Gesichter des persönlichen Wachstums.

*

"Wovon man nicht sprechen muss, darüber kann man auch schweigen."[37] - Wittgenstein 2.0 für Vielredner.

*

"Wovon man nicht sprechen will, darüber kann man schreiben." - Wittgenstein 2.0 für Schüchterne.

*

"Wovon Man nicht sprechen kann, darüber muss Ich eigentlich nicht schweigen." - Wittgenstein 2.0 existential gedacht.

*

"Wovon man sprechen kann, darüber darf man auch eine Meinung haben." - Wittgenstein 2.0 für Urteilsfähigkeit.

*

"Wovon man sprechen muss, darüber darf man nicht schweigen." - Wittgenstein 2.0 für Aufrichtige.

*

---

[37] Vgl. bzgl. des Originalsatzes: Wittgenstein, Ludwig: Tractatus logico-philosophicus. Suhrkamp Verlag 1963, S. 114.

"Wovon man nicht sprechen darf, darüber kann man sich aber Gedanken machen." - Wittgenstein 2.0 für Gedankenfreiheit.

*

„Wovon man nicht sprechen kann, darüber wird noch immer zu viel gesprochen." - Wittgenstein 2.0 für Religiöse und Metaphysiker.

*

Spiegel: Ein selbsternannter Misanthrop, der sich *einen Funken Eitelkeit* bewahrt hat, ist ein Heuchler. Denn: Zur echten Misanthropie gehört Selbstverachtung.

*

Kurzdefinition „Nerd": Bereichsautist mit modischen Schrullen.

*

Selbstentfremdung: Selbstentfremdung setzt ein Selbst voraus, denn wo noch niemand in sich zu Hause ist, da kann sich auch niemand fremd werden.

*

Seine Prüfsteine haben: Wählerisch sein bedeutet nur, dass man sich mit einer schlichten Anzahl an Entscheidungskriterien einfach *nicht* zufrieden gibt.

*

Zynismus: Eingeständnis der Ohnmacht, die sich an den Strohhalm der geistigen Überlegenheit klammert, indem man die Welt *mit Vergnügen* verachtet.

*

Aufbruch: Jeder Teufelskreis wird durch Einsicht gesprengt, der dann in einer *Spirale* in eine neue Richtungen führt.

*

Neider: Arroganz ist als Wertung bisweilen nur der Ausdruck des Ressentiments der intellektuell Armen für jene mit Geist.

*

Fleisch: Zahnarztbesuch und die bohrende Erinnerung, dass man nur organisches Material ist, das denkt und um seine Hinfälligkeit weiß.

*

Am Gemochten kratzen: Identifikation bietet Angriffsfläche.

*

Zu sich kommen: Man muss lange allein gewesen sein und in sich die anderen zum Schweigen gebracht haben, damit man *seine* innerste Stimme hört.

*

Im Gespräch wie auch im Leben: Es gibt Menschen, die haben sachlich mit nichts etwas am Hut und nur sich als Thema.

*

Relativität: Was dieser Strapazen nennt, nennt jener Spaß, was einem anderen eine intellektuelle Neuheit ist, bietet einem weiteren keine neue Information.

*

Durchblick: Beim Blick in den Spiegel lächelt *dein* Skelett.

*

Die häufigste Art der Liebe: Selbstliebe.

*

Wirksamkeitsbedingung: Lob wirkt nur, wenn es von der Person ausgesprochen wird, von der es auch *gewünscht* ist.

*

Früchte der Einsamkeit: Es sind oft nicht die langweiligsten Menschen, die es eine lange Weile mit sich allein aushalten.

*

Entscheidendes: - Du hast die Wahl: "*Entweder/oder*, oder *Sowohl als auch*, aber vielleicht sogar – *weder das, noch dies*!"

Persönlichkeit: Weite und Freiheit des Geistes, mit Tatkraft und dem Herzen am rechten Fleck – Sokrates Guevara mit der Seele Jesu!

*

Formel: Ein Ziel, Intellekt, der Wille und die Mittel dazu, ergeben einen Weg.

*

Personsein oder Dinge haben: Wer und was man ist, zeigt sich, wenn man spricht, und nicht in dem, was man hat.

*

Folter: Feiertage sind für jene, die mit sich und ihrer freien Zeit nichts anzufangen wissen, Stunden der Folter, da sie die Langweile sie geißelt.

*

Herkunft: Wurzel und Fessel, Orientierung und Bedingtheit in einem.

*

Unabhängigkeit: Wenn man Mangel an Gütern als Leid versteht, dann lustwandelt der Bedürfnislose als lachender Gott auf Erden.

*

Sich ausschreiben: Schreiben ist oft die Ausflucht aus der sozialen Selbstverleugnung. Das Schwarze aufs Weiß ist vielen eine Möglichkeit zur Echtheit.

*

Bedingungen: Individualisierung ist noch keine Individuation, aber der Prozess der Dekollektivierung ist ein guter Nährboden zur Selbstwerdung.

*

Kalt: Die Sterne stehen schön, aber das Universum blickt schweigend und gleichgültig. Da ist, wenn überhaupt, nur Geborgenheit in Dir und den Anderen.

*

Konsumillusion: Eigentum kann man kaufen, Eigentümlichkeit nicht.

*

Charakter: eine wiederkehrende Art zu sein. Stil: eine wiederkehrende Art sich zu geben.

*

Eigenheiten: Einen eigenen Festtagskalender anlegen, dann z.B. als ein geschätzter Denker starb, ein persönlich wichtiges Ereignis war...

*

Egolyrik: Ein Egoist ist jemand, dessen Ego ist und dessen Ego sich selbst größer und bedeutender als der große Rest bemisst.

*

Stufen: Die Zeit trocknet alle Tränen, die zu Steinen werden, auf denen man später lachend sitzt.

*

Schöne Stunden: Es gibt Tage, die darf man guten Gewissens schon vor dem Abend loben.

*

Das Ungesagte nagt: Wer intelligent, aber nicht sehr schlagfertig ist, dem wird jedes Ende einer Diskussion zum inneren Schattenkampf.

*

Abgrenzung: Ein ehrliches Nein zu etwas ist immer auch ein Ja zu sich.

*

Da geht noch was: Es verschuldet sich an seinen Möglichkeiten, wer faul ist, obwohl er mehr könnte.

*

Ein Ja: der Mut zur Offenheit und Hingabe; ein Nein: der Mut zur eigenen Grenze.

*

Zu groß: Es gibt Augenblicke, für die sind Worte nur ein Käfig, da die Intensität und Magie solcher Momente, die Möglichkeiten der Sprache sprengt.

*

Du und ich: Gastauftritt in der Geschichte als gestaltende Zeitzeugen.

*

Lernen: Erkenntnis aus dem Leben ist wie der Schorf, der sich allmählich von der Narbe löst.

*

Audienz mit seinen Eigenheiten unter anderen: Sich unter Menschen fremd zu fühlen ist ein Privileg.

*

Lockerheit: Wer nur ernst ist, um den sollte man sich ernsthaft Sorgen machen.

*

Kollektivierung und Individuation: Allgemeines Wissen verbindet, echte Erfahrung vereinzelt.

*

Anders: Dass man sich verändert hat, erkennt man daran, dass man heute Dinge tut, die man vor zehn Jahren noch für undenkbar hielt.

*

Individualismus: Leben mit der latenten Angst, doch nur normal zu sein.

*

Tiefe: Wie das Schiff durch die transportierte Last, so gewinnt oft das Leben in schweren Zeiten bleibenden Tiefgang.

*

Sich Humor in schwierigen Situationen zu bewahren: ein Akt der Überlegenheit aus dem Spleen der Verzweiflung.

*

Zuflucht: Wenn einem Menschen und selbst Musik zu viel sind, ist Stille oder Schlaf die Rettung.

*

Dasein: eine bewusste Prozedur auf einem Fundament aus Treibsand.

*

Menschliche Neigung: Glühende Sehnsucht nach der Sonnenseite des Dramas.

*

Transformation: Jedes Leben, eine aus dem Leib der Ewigkeit geschlagene Rippe, verwandelt in begrenzte Zeit.

*

Die Freude, hier zu sein: Vom Zentrum des Friedhofs aus, zurück ins Leben gedacht, gewinnt Ein- und Ausatmen neue Tiefe.

*

Hermeneutische Wandlung: In zehn Jahren erzählen wir uns unser Leben anders als wir es heute tun, da Erfahrung und Wissen die Lesart verwandelt.

*

Gute Gründe und ein reines Gefühl dabei: Gütekriterien für eine passende Entscheidung.

*

Vom Guten des Schlechten: Gedächtnisschwund ist gut bei Gedächtnisschund.

*

Meinungsstreit: Eigenreflexion versus Reflex der gängigen Meinung.

*

Die einsame Psychedelik der Stille: ein Demaskierungsambiente par excellence.

*

Ein Ich auf lange Sicht: Kein Zustand, sondern eher ein Werden mit mehr oder weniger konstanten Elementen.

*

Prägung: Gewohnheiten, Haltung und Narben geben dem Charakter auf Dauer Gestalt.

*

Größe: Es zeugt von Größe, wer seinem Dasein in Stunden der Schwere seinen Dank erweist.

*

Der an der Wand, die Augen der Anderen und die Stille: die möglichen Gestalten des Spiegels.

*

Opfer der Ironie: Wer sich oft verstellt wird sich irgendwann verlegen. Was bleiben wird, ist ein leerer Ort im Innern, von dem man glaubte, man sei es selbst.

*

Ohne Zwang: Die reinsten Taten sind jene, die aus Liebe und Einsicht getan werden.

*

Haken und Ösen: Ein spannendes Leben entsteht zumeist dort, wo auch Zusammenhänge sind – aus Bezug und Beziehungen und ihren Vernetzungen und Reibungen.

*

Halbzeit: Am Anfang stehend ist jedes Leben eine Neuentdeckung Indiens. Vom Ende aus betrachtet wird es wohl zu einer Odyssee der Abschiede.

*

Willensfrage: Nur wer etwas will und seine Richtung kennt kann auch auf Widerstand stoßen; der Willenlose segelt mit allen Winden.

*

Ketten: Furcht und der Vergleich sind die Fesseln des Neuanfangs.

*

Mut: Da man nicht weiß, was man von vornherein kann, ist es besser zumindest zu versuchen, was möglich ist, bevor es zu spät sein wird.

*

Mit den Kräften haushalten: Wer immer alles gibt, der hat schnell keine Reserven mehr für den Fall, wenn es wirklich wichtig wird.

*

Versperrte Einblicke: Verminderung der Kommunikation reduziert die Möglichkeit des Verstehens und des Mitgefühls.

*

Bremse und Antrieb: Unzufriedenheit als Dauerzustand grenzt an Verzweiflung, als punktuelle Angelegenheit kann sie aber ein Antrieb zum Besseren sein.

*

Aus Mangel an Anschluss für die Anderen: Wahnsinn - die höchste Form des Eigensinns und die Meisterschaft der Individualität!

*

Das Ungewöhnliche und Wundersame hat einen exklusiven Platz im Gedächtnis, ganz so, wie ein Stein, der ins Wasser fällt und vergisst seine Kreise zu ziehen.

*

Müdigkeit ohne schlafen zu dürfen: Martyrium des Alltags.

*

Leben und Staunen: Die beste Belehrung erzeugt das persönliche Aha-Erlebnis.

*

Der eigene Mount Everest: Wettkampf ist eine individuelle Grenzerfahrung.

*

Treiben in sich: Wach werden heißt, wieder im Bewusstseinsstrom wissentlich schwimmen zu gehen.

*

Hier: Gegenwärtig sein ist vornehmlich eine Aufforderung an die Aufmerksamkeit und Sinnlichkeit, in dem zu verweilen, was sich in und um einen herum ereignet.

*

Voraussetzung: Selbstvertrauen ist oft die Vorstufe des Mutes.

*

Heuchelei: Ein erwartetes „Danke", das gesagt wird, aber nicht von Herzen kommt, ist höfliche Pflichterfüllung, aber eigentlich doch auch eine Lüge.

*

Möglich: Liebe ereignet sich, wenn sich Menschen gebend begegnen. Es geschieht nicht oft, aber sie harrt im Reich des Möglichen, um wirklich zu werden.

*

Dicht: Wie die Welt „durchdringen"? Die Welt ist dicht und jedes Wort ein Schlag eines Subjekts von den Kopf der Dinge, das immer Phänomen bleibt.

*

Die unbedingte Wahrnehmung: eine Unmöglichkeit.

*

Lachen ohne äußeren Anlass: ein Indiz für ein glückliches Zuhause mit Reichtum in sich.

*

Wunsch: Ich hoffe, du entblätterst dein Ich aus dem Wir, bevor sie dich lebten und du verkleidet in die Nacht gehst, ohne eigentlich geboren zu sein.

*

Wachsen: Dem Werden Gerechtigkeit widerfahren lassen und ihm Genüge tun, in dem man gegen seinen eigenen Stillstand revoltiert.

*

Die Mimik des Staunens: eine Fraglichkeitsfratze.

*

Durchgängige Empfindsamkeit: Ein ewig dünnhäutiges Heute.

*

Vernunft, Verstand, Fantasie, Emotionen, Erwartungen, Ansprüche, Neigungen, Erfahrungen...: die formalen Komponenten des inneren Kampfs.

*

Bewusstsein im Zustand der Müdigkeit ohne Schlaf: Weltaufdringlichkeitsempfindung, reine Seinspräsenz mit Widerwillen.

*

Sowohl als auch: Schöne Erinnerungen sind ambivalent. Sie sind Kraftquelle und Quelle der Traurigkeit zugleich, da das Schöne nährt, aber so nie wiederkehrt.

*

Verknüpfungen erstellen und Gedanken vernetzen: Ich denke, also spinn` ich.[38]

*

---

[38]Vgl. zum Originalzitat: Descartes, Rene: Abhandlung über die Methode, wie die Vernunft richtig zu gebrauchen. Martix Verlag 2006, S. 79.

Ausgewogen: Wer nicht viel zum Lachen hat, der kann zumindest darüber froh sein, dass noch nicht alles zum Heulen ist.

*

Gleichgültigkeit: eine Art der Bequemlichkeit, da man wie ein Fisch im Wasser durchs Leben gleitet: angepasst, widerstandslos und unaufwändig.

*

Grundstruktur der Existenz: Sie hat einen Anfang und ein Ende, dazwischen hat es jeder mit der und seiner Zeit, den Anderen, der Welt und sich zu tun.

*

Seins-Empfinden: Die sensorische Sensibilität bestimmt den unmittelbaren, nicht teilbaren Intensitätsgrad des „In-der-Welt-seins".[39]

*

Absinken: Alleine trinken mündet oft in Melancholie, da der Rettungsreifen der Konversation einen nicht über Wasser hält und man in seine Tiefen sinkt.

*

Echtes Lachen: Nur die Leidenden lachen wirklich, weil Ihnen Leichtigkeit ein tiefes Anliegen ist. Alles andere ist eine Kakophonie des Kicherns.

*

Relativ: „Die Dinge leicht nehmen" ist eine Frage der Geisteskraft wie das Bewegen eines Fasses für einen Bodybuilder dem Spiel mit einer Feder gleicht.

*

Minimalinformation: Wenn man dir etwas sagt, *was* du schon weißt, erhältst du zumindest die Information, *dass* du es schon weißt.

*

---

[39] Heidegger, Martin: Sein und Zeit. 17. Auflage. Niemeyer Verlag 1993, S. 52.

Selbstdisziplin heißt, man ist Herr und Knecht in einer Person. Jene ohne sich befehlen zu können sind darum nur die Sklaven ihrer Lust und Präferenzen.

*

Allerweltsport: Lebenslauf!

*

Tiefe gewinnen: Auf der Stelle treten kann auch – je nach Untergrund – dazu führen, das man Tiefe gewinnt.

*

Ziele, Ideale, Ideen und bedeutende Menschen: Leuchttürme in der Nebelschifffahrt des Lebens.

*

Aufgabe: Mit sich klar kommen und schon läuft der Rest freudvoller.

*

Pflicht: eine Lustfolter.

*

Zweierlei ist schwer zu finden: den Menschen und die Aufgabe in der Gesellschaft mit der man alt und glücklich werden will.

*

Fels: Es gibt das persönlich Bedeutende und das Blend- und Beiwerk, von dessen Wichtigkeit man uns überzeugen will. Such´ das deine und sei standhaft.

*

Der Haltung wegen: Wer den Kopf in den Sand steckt, der läuft Gefahr, dass man ihn hinzu noch mit Anlauf in den Arsch tritt.

*

Überlebt: Es macht nicht immer härter, aber eins ist sicher: Alles was mich nicht umbringt, das habe ich überlebt.

*

Gedanken, die man wieder vergisst: eine Art Instant-Idee.

*

Innere Revolte: Die stete Lust der Lust die Pflicht zu sabotieren.

*

Ein selbstgesetztes Ideal: nicht selten ein guter Grund zur Qual.

*

Gedanken, Erfahrungen und Co.: Wer die Augen schließt, in sich schaut und sich reich fühlt, der ist es.

*

Signale: Emotionen sind allgemein menschlich, aber ihre Anlässe individueller Art. – Manifeste Emotionen sind darum Leuchtzeichen des Charakters.

*

Freigiebigkeit: Gib die Masken, Logos und Symbole zurück, die man dir mit falscher Nettigkeit reiche, um einer von ihnen zu sein.

*

Mehr oder weniger als es war: Oft ist Zuhören ein Dazu- oder Weghören, ein Selektionsprozess gemäß dessen, was man verstehen kann und will.

*

Unerfüllte Erwartungen und geplatzte Illusionen: Enttäuschung kann sich in Dankbarkeit verwandeln, wenn man sie als Befreiung versteht.

*

An der Sache gereift: Person per se.

*

Reif werden: Man muss zuerst viele Worte saufen, um irgendwann seine philosophische Prosa in den Schnee pinkeln zu können.

Das Dunkel des Anderen: Jeder ist jedem ein zu deutendes Rätsel mit Garantie auf ein unauslotbares Restgeheimnis.

*

Zitadelle: Einen Raum für den Rückzug haben, einen Bunker fern von allen zurichtenden Blicken der Anderen, ein Zimmer für die Zweisamkeit mit sich...

*

Morsches Haus: Ein konstruiertes Selbst als Anker auf hoher See, ein Selbst gezimmert aus der Rippe der Kultur und der Angst vor dem Fall ins Bodenlose.

*

Worte, die verletzten: Eine Verwundung im Fleisch des Ichs durch eine Kette von Zeichen, denen man persönlich einen Wert zuschreibt.

*

Veredelungsprozess: Erfahrung ist reflektiertes Erleben, eine Art nachträgliche Vergoldung der gemachten Eindrücke.

*

Unterschiede: Für gewöhnlich ist jeder eigen, aber manche sind außergewöhnlich anders.

*

Makel: Die Unzulänglichkeit der Zeichen für die Magie des Moments, das große Gestammel vor der Erhabenheit dessen, was uns übersteigt.

*

Not des Narzissmus: Wer ausgenommen von sich eingenommen ist, dem kann vieles genommen werden.

*

Sich von sich frei machen: Wer nicht mehr von sich eingenommen ist, der macht Platz in sich frei, den Andere und anderes einnehmen können.

*

Orakel der Moderne: Wenn Schönheitsideale zur Identifikationsautorität werden, übernimmt der Spiegel oft die Funktion des Orakels über das eigene Wohlbefinden.

*

Balance: Die Ausgewogenheit des Charakters ist oft das Resultat der abgearbeiteten Extreme.

*

Mal unhörbar ruhig, mal klopft es bis zum Zerspringen: Dein Herzschlag ist die pulsierende Musik, das Trommeln des Lebens, die das Universum in dir spielt.

*

Das Ich als Autorität: Wer begründet ungehorsam ist, der folgt zumindest sich, da er seinen Grundsätzen gehorcht.

*

Der größtmögliche Nutzen für die geringste Zahl: die Masse der Menschen dient der Wirtschaft, damit einige Wenige nicht mehr so viel dienen müssen.

*

Läuterungsangebot: Jede Krankheit bietet durch den Zwang, Zeit mit sich verbringen zu müssen, die Möglichkeit der Läuterung.

*

Objektiv gesehen und subjektiv empfunden: Man kann leben wie alle und doch ganz anders sein.

*

Unterm Strich und unter Sternen: Man muss sich am Ende nicht vor Gott, sondern vor der Unendlichkeit rechtfertigen.

*

Dreierlei: Tue das Richtige, denke das Wichtige und vergiss das Nichtige.

2.1 Bildungsarbeit und das Lob des Lernens

*

„Selten so gedacht": Die geistige Güte eines Buches ist daran zu bemessen wie viele Aha-Erlebnisse es uns ermöglicht hat.

*

Aktive Abgeschiedenheit: Ein reicher Geist erzeugt ein reiches Leben, so dass selbst die Abgeschiedenheit voll von mentalen Abenteuern ist.

*

Weg: Lernen ist ein Weg für jeden zur mehr Unabhängigkeit. Denn was wir selbst wissen und können, mindert das Angewiesensein auf Andere. Lernen entkettet!

*

Doppelter Hang zur Wahrhaftigkeit: Versuchen zu verst*ehen*, wie, was, warum und wozu die Dinge sind und versuchen der zu *sein*, der man eigentlich ist.

*

Eigenheiten: Schule muss sich nicht der Lebenswelt der SchülerInnen anbiedern. Sie darf und kann vielleicht noch der Ort des Anderen sein.

*

Intellektuelle Neugierde: Der Hunger nach sachlichen Zusammenhängen, die Sehnsucht nach Welt.

*

Eigener Anschluss: Man bekommt viele Lehrer vorgesetzt, aber den Lehrer, von dem man etwas lernt, sucht man sich selbst aus.

*

Keine Verbesserung: Bildung, die kritisch bleibt, ist *keine* Selbstoptimierung im Sinn der Logik des Systems. Kritische Bildung ist verbesserter Widerstand.

*

Urteile bilden: An Informationen mangelt es in der Gegenwart nicht. Aber auf das *persönliche* Urteil aus dieser Datenfülle, - darauf kommt es an.

*

Erziehungsfrage des Menschengeschlechts: Mit der Betonung der Pflicht versucht Kant die Frage zu lösen: „Wie kultiviere ich zur Selbstdisziplin bei der Freiheit?"[40]

*

Pädagogik der Paradoxie: Widersprüche erwecken die Fragwürdigkeit, wie es sich nun in Wahrheit verhält: Widersprüche und Dissonanzen *reizen zum* Denken.

*

Stufen: Eine unverständliche und auch falsche Aussage hat auch ihren Nutzen: in der Richtigstellung ist sie eine Stufe auf dem Weg zu mehr Klarheit.

*

Allesfresser: Wen Bildungshunger erfasst, der frisst auch seine Ignoranz auf.

*

Unterhaltung: „Alle Menschen streben von Natur aus nach Wissen."[41] – Widerlegung: Mir fallen spontan hundert Menschen ein, die das von Natur aus *nicht* tun!

*

---

[40] Vgl. zum Originalzitat: Kant Immanuel: Schriften zur Anthropologie, Geschichtsphilosophie, Politik und Pädagogik II. Werkausgabe XII. Suhrkamp Verlag 1982, S. 711.
[41] Aristoteles: Metaphysik. 5. Aufl. Rowohlt Verlag 2007, S. 38.

Beruf verfehlt: Für manche Lehrer wäre der Posten an einer Baumschule die bessere Alternative: sich und den Schülern zu liebe.

*

Bewusster Zweifel: eine geistige Zuwiderhandlung für ein Stück mehr Distanz.

*

Von Großem und Größe: Im Kleinen Großes zu sehen ist groß, aber im Kleinen Großes zu sehen und es zu einem großen Ganzen zusammenzufügen hat Größe.

*

Fehler und Schmerz sind gute Lehrer: Die Furcht vor der Wiederholung bewirkt ein neues Nachdenken, um Ähnliches zukünftig anders und besser zu machen.

*

Sehen und hören *lehren*: die subtilste Art der Beeinflussung, indem man die Sinne des anderen besetzt und er wahrnimmt, was ein anderer für wahr hält.

*

„Denn Wissen selbst ist Macht."[42] - Wissen kann einem aber hinzu blendend vor Augen führen, woran man nichts machen kann. Wissen ist auch: Ohnmachtserhellung.

*

Schräges Bild: Wenn man aus dem Rahmen fällt, heißt das nicht zwangsläufig, dass man nicht mehr im Bilde ist.

*

Sokrates ergänzen: „Sprich damit ich dich sehe"[43] – und die Sache!

---

[42] Bacon, Francis zitiert in: Büchmann, Georg: Geflügelte Worte. Bücherbund Verlag 1964, S. 418.

*

„Lernen tut weh.“[44] – Folglich muss man, um sich zu bilden, ein fröhlicher Masochist sein.

*

Der bessere Mensch: Im Namen des „Humanismus“ wurde schon viel Inhumanität fabriziert. Drum: traue keinem Humanismus, den du nicht selbst aufgestellt hast.

*

In medias res der Originale: Das Leben ist zu kurz, um Sekundarliteratur zu lesen.

*

Askese: Können ist die Veredelung des Möglichen ins Wirkliche über den steinigen Weg des Übens.

*

Glück: Beizeiten erfasst mich Gänsehaut im Unterricht: wenn ein Schüler etwas Wesentliches äußert und zeigt, dass er es begriffen hat, dann bin ich ergriffen.

*

Neue Aspekte: Auch nach langem Studium ist es heute nahezu unmöglich sich ein Sachgebiet erschöpfend zu erschließen. Darum: Man lernt nie aus.

*

Blinder Fleck: Leidenschaft verfremdet die Sachlichkeit, aber manche sehen nicht, wie leidenschaftlich sie für Sachlichkeit einstehen.

*

---

[43] Sokrates sinngemäß im platonischen Dialog „Charmides“. In: Sämtliche Werke Bd. III Meiner Verlag 2004, S. 20.
[44] Aristoteles. URL http://www.aphorismen.de/zitat/12105. (Zugriff: 06.01.2015)

Orientierung durch sich: Die Nacht ist da, um zu lernen sich selbst zum Licht zu werden.

*

Angebot: Einsicht bietet die Aussicht auf Veränderung.

*

Eröffnung: Schule ist eine Ermöglichungseinrichtung: Schade, dass viele Schülerinnen oft nur den Zwang und die Unbequemlichkeiten sehen, die Lernen bereitet.

*

Mut zur Lücke: Besser Bildungslücken, in die noch Mosaiksteine passen, als Bildungsabgründe, die sich in einer halben Ewigkeit nicht aufschütten lassen.

*

Nichts vormachen: Wer viel weiß, viel und kritisch denkt, dem kann man nichts mehr vormachen: Die Konsequenz intellektueller Aufklärung ist Abgeklärtheit.

*

Gefäß und Schmiede: Wissen füllt, Erfahrung formt.

*

Lachen und Peitsche im Klassenzimmer: Die Balance zwischen Lockerheit und Leistungsanspruch muss stimmen.

*

Frei nach Kant: „Habe Mut dich deiner eigenen Zeit, ohne nur funktionieren zu müssen, zu bedienen!"[45] - lautet der Wahlspruch des Müßiggangs.

*

---

[45] Vgl. Kant, Immanuel: Beantwortung der Frage „Was ist Aufklärung?" In: Bahr, Ehrhard: Was ist Aufklärung? Reclam Verlag 1996, S. 9.

Ideologie der Komplexität: Wer andere aufgrund der Komplexität der Welt davon abhalten will, sich mit ihr zu befassen, der will oft nur seine Macht verfestigen.

*

Ausrede: Die Komplexität der Welt *vor sich* als Einwand zu verwenden, um sich *nicht* mit ihr zu befassen, ist oft nur ein Vorwand, um geistig faul zu sein.

*

Im Kern: Bildung erfasst den ganzen Menschen und kleidet ihn nicht nur: man kann sie nicht einfach zurückgeben wie ein geborgtes Gewand.

*

Hilfe zur Selbstwerdung: Ein guter Lehrer bekehrt nicht oder führt niemanden, so dass man folgen muss, sondern er geleitet jeden zu sich selbst.

*

Unzulässige Reduktion: Was mir am Lehrerberuf nicht behagt: Noten geben. Etwa sträubt sich in mir, Fähigkeiten in den engen Raum von Zahlen zu pressen.

*

Aufklärung im Marktregime: In Zeiten, in denen „der Markt" regiert gleicht Konsumentenbildung einer Guerilliataktik.

*

„Erziehung ist eine Zumutung, Bildung ein Angebot."[46] - In Zeiten des lebenslangen Lernens wird auch „Bildung" zur Zumutung.

*

Meine Hierarchie: Nur wissend sein ist gut, kompetent sein besser, aber gebildet zu sein am besten.

---

[46] Luhmann, Niklas: Bildung und Weiterbildung im Erziehungssystem. Mitarbeit: Dieter Lenzen. Suhrkamp 1997, S. 7.

*

Bereitschaft: Lernen muss man wollen. Es setzt eine Offenheit voraus, ohne die eine Einsicht keinen Platz findet.

*

Schülerurteil: Wenn Schüler/innen urteilen, ein Lehrer sei gut, dann ist er es vielleicht, aber vermutlich ist er zu lax und bedient ihr Lustprinzip.

*

Unbildungsausweis: Schule ist vielen verhasst, weil sie strukturell so aufgebaut ist, dass sie einem die eigenen Defizite demonstriert.

*

Dummheit aufgewertet: eine Logik der besonders schrägen Art.

*

Anti-Elfenbeinturm: Bildung ist Innenarchitektur, die ihr inneres Gestaltetsein nach Außen trägt. Sie ist der Kult der Innerlichkeit mit Ausstrahlungseffekten.

*

Bildung vs. viertem Produktionsfaktor: Pädagogen, die beim Begriff „Humankapital" nicht das Kotzen bekommen, hätten lieber Metzger werden sollen.

*

Furcht: Wer sagt schon gern „Ich weiß es nicht". Die Furcht vor der Ausgrenzung und der Zwang zum Mitreden ist eine Ursache von „Halbbildung"[47] und Geschwätz.

*

Aufbaupräparate: Überwundene Krisen und bewältigte Herausforderungen sind Anabolika für die eigene Persönlichkeit: Gelöste Schwierigkeiten lassen wachsen.

---

[47] Vgl. dazu: Adorno, Theodor: Theorie der Halbbildung. Suhrkamp Verlag 2006, S. 8.

Der Rotstift: Das *Schwertchen* des Lehrers im normativen Kampf für die Errungenschaften der Kultur.

*

Lob des Fehlers: Fehler sind Lernmöglichkeiten und Anlässe zur Verfeinerung der eigenen Fähigkeiten.

*

„Historische Bildung" ist eine Tautologie: was sonst böte Inhalt zur gedanklichen Auseinandersetzung als die Menschheitsgeschichte bis dato?

*

„Müßiggang ist aller Laster Anfang!" – Was? Sollte die Möglichkeit auf Bildung ein Laster sein? Ist Denken vielleicht Sünde wider den Funktionszwang?

*

Eigentlich: Wenn Politiker von „Bildung" sprechen, meinen sie „Ausbildung" – d.h. Zurechtmachung des Menschenmaterials zu sozial-ökonomischen Zwecken.

*

Berufliche Spezialisierung ekelt mich: Vereinseitigung ist Optionsverschwendung. Vielseitigkeit und ganz Mensch werden – die Aufgabe!

*

Werteerziehung ist Indoktrinierung! Besser ist Denkerziehung als Vermögen des Fragens, welchen Sinn und Zweck z.B. Werte überhaupt haben.

*

Sowohl als auch: Einen geistreichen Egoisten als auch einen dummen Altruisten würde man wohl kaum gebildet nennen. Geist *und* Güte gehören zur Bildung!

*

Geburt: Wenn das Korsett, gewoben aus Sozialisation und Erziehung, Risse bekommt, dann bahnt sich Bildung, in Form von eigenen Gedanken, den Weg.

*

Von Dingreichtum und Bildungsarmut: Wer sich allein durch Besitztümer reich fühlt, der ist meist innerlich zum Schreien arm.

*

„Lebenslanges Lernen": Eine Überlebensformel mit Anpassungsintention in Zeiten der Ungewissheit, Beschleunigung und globalen Unübersichtlichkeit.

*

Näher: Mitgefühl ist einfacher als Nächstenliebe zu praktizieren, denn Gefühle hat als Mensch jeder, Liebe zu sich und anderen muss man erst lernen.

*

Weltbrand: Ich war einer, der nach Feuer verlangte, bis alles in Flammen stand und ich lernen musste auf einem Fest von Funken zu tanzen.

*

Wider die Trägheit: Da Lernen eine Zustandsveränderung ist, stößt es oft auf Widerstände der Erhaltungswünsche des eigenen Selbstkonzepts.

*

Mensch bleiben: Lehrer, die ihre Vorbildfunktion zu ernst nehmen, werden zur Karikaturen der Rolle und eher zu einem Zerr- als einem Vorbild.

*

Man kommt schnell von Mensch und Welt los: man muss nur ihre Heiligtümer ausfindig machen und verachten lernen, was sie anbeten.

*

Bereicherung: Persönlich leidvolle Erlebnisse, denen man mit Dankbarkeit begegnet, verwandeln sich durch diese Anerkennung in bereichernde Erfahrungen.

*

Sehen lernen: Was Agnostik ist weißt du nicht? Durch diese und jede andere Begriffsunkenntnis hältst du dich selbst im Zustand des Blinden.

*

Nur Mut: Oft steckt hinter einer Ablehnung ohne vorherige Erfahrung, ein Vorurteil, eine Furcht oder Faulheit, die dazu verleitet.

*

Rucksackreiseerfahrung: Es ist Luxus, Essen, ein Dach über dem Kopf und ein Bett zu haben.

*

Entlastungslogik: „Irren ist menschlich" heißt es und dies ist durch Erfahrung bestätigt. Ich denke, ich bin Mensch, also darf und kann ich irren.

*

„Markttugenden": Kompetenzen machen tauglich.

*

Identität an Intellekt: „Wer bin ich?" Intellekt: „Wen aus dem Wandertheater, das du selbst bist, willst du zuerst kennen lernen?"

*

„Ex-Post Instinkte": Erfahrungen, die zu wiederholten Verhaltensmustern führen, ähneln in ihrer automatisierten Treffsicherheit Instinkten.

*

Lösungsgenese: Ein Problem tritt auf und dann Kreativität, Verstand und Erfahrung aus dem Schlaf in den Arsch und diese machen sich dann auf den Weg zur Lösung.

Fernsehen erzieht zu Doppelkonsumenten: man lernt unbekannte Bedürfnisse und sich als Unterhaltungskonsument kennen, der verlernt, produktiv zu sein.

Rauschmittel: sind sie nun bewusstseinserweiternd oder bewusstseinsverändernd? Wer weiß, - auf jedenfalls sind sie erfahrungsbereichernd.

Vergebliche Liebesmüh: In manchen Schülerhirnen, in denen nur Grütze und kalter Stein ist, lässt sich kein Feuer entfachen.

Lernen und Erfahrung: Der Weg der Verwandlung, hin zu mehr Reichtum als Person.

Mit Inhalt füllen: Der Autonomie geht die Eigen*gesätz*lichkeit voraus: Die Sätze aus denen die eigenen Grundsätze bestehen sollten auch semantisch bedacht sein.

Stillstand: Wenn "erwachsen sein" heißt, nicht mehr werden und wachsen zu dürfen und funktionieren zu sollen, dann lehne ich erwachsen sein dankend ab.

Die Gene geben uns etwas mit und das soziale Umfeld prägt. Aufgabe aber ist es, sich zu schaffen: bilde dich und werde Schöpfer deiner selbst!

2.2 Ein paar Zeichen mit „Geist"

*

Beruhigung und Erregung: Erklärungen und Antworten sind Beruhigungsmittel, Fragen geistige Amphetamine, die das Nachdenken wecken.

*

Trainingsgerät: Fragen und gute Bücher sind geistige Übungen und Gerätschaften für den Hirnmuskel, mit denen man sich die Dummheit abtrainiert.

*

Mangel: Wenn Geben Überschuss voraussetzt, dann ist die Erde oft so ein liebloser Ort, weil es allgemein an Geist, Zeit, Mitgefühl und Großherzigkeit mangelt.

*

Gleichnis: Wer einen guten Magen, eine rege Verdauung, Bewegung und die passende Kost hat, der wird irgendwann schön wachsen und klug scheißen.

*

Am Effekt erkannt: Geist ist wie Wind in den bewegten Baumwipfeln: man kann ihn nicht direkt sehen, sondern nur wahrnehmen, an dem, was er erzeugt.

*

Zerrissen: In großen Bibliotheken befallen mich oft die Ehrfurcht vor dem Geist in den Büchern und die Trauer, nur einen Bruchteil davon lesen zu können.

*

Intellektuelle Neugierde: ein geistiger Jungbrunnen, da sie Vorwissen aktualisiert und man durch die Bekanntschaft mit dem Neuen in sprudelnder Bewegung bleibt.

*

Lob der Geisteswissenschaft: Sich geistig im Allgemeinen bewegen zu können, schenkt im Besonderen leichtfüßigere Orientierung

Produktivität: Der Gipfel der Lust des Geistes liegt im eigenen Schaffen.

*

Leichtigkeit: Ich schätze, Dummheit ist ein schöner Zustand, weil man nicht knietief mit Gedanken im Morast der Welt steckt.

*

Den Augenblick leben und aus dem Erlebten lesen: darin liegt eine Vereinigung zwischen Leben und Geist.

*

„Ach, Langeweile, was fange ich mit mir und der Zeit nur an?" - So spricht der Geistesarme in Freizeit und Müßiggang.

*

Herzlogik: Auch Gefühle haben Geist als Ursache, denn die Vorstellung davon was z.B. zornig macht, erweckt in einer betreffenden Situation das Gefühl zum Leben.

*

Philosophenglück: Wer Geist hat, der hat seinen Glücksbringer immer dabei.

*

Sichtwechsel: Wenn Glück von der Einstellung abhängig ist, dann ist ein freier Geist inkorporiert Seligkeit.

*

Kopftraining: Fragen und Probleme, die einem nicht das Hirn zermartern und Herz und Nieren nagen, sind intellektuelle Übungen ohne Not.

*

3. Innenschau: Psychologische Besinnungen

*

Beziehungs(un)fähigkeit: Wer keine echten Freunde hat, ist vermutlich auch im Umgang mich sich nur bedingt der Freundschaft fähig.

*

Immer zu zweit: Jeder, auch in der Einsamkeit, lebt immer zu zweit, da jeder in einer mehr oder weniger guten Beziehung zu sich steht.

*

Maß im Urteil: Zuviel Kritik entmutigt ebenso wie zu viel Lob satt und träge macht.

*

Durch Akzeptanz zur Erkenntnis: Ich lernte annehmen, was unschönes in mir lebt und auf diesem Weg lernte ich mich und andere besser kennen.

*

Lob der Verwirrung: Verwirrung ist eine notwendige Stufe auf dem Weg zur Kristallisation.

*

Weltschmerz als Lebensgefühl: ein masochistischer Magnetismus des Seelenlebens mit der Anziehungskraft dessen, was weh tut.

*

Melancholie: die goldene Mitte zwischen Depression und Traurigkeit.

*

Demut: Zur Erkenntnis gehört Demut, weil dem Hochmütigen die Eitelkeit das Tor zur Einsicht verschließt: er lässt nur hinein was ihm gefällt.

*

Rache: das Gefühl der kommutativen Gerechtigkeit in Reinform.

*

Aussprechen: Endgültige Abschiede haben die Kraft der Transformation das Schweigen zu brechen.

*

Psychoana*lyrisch*: Sich gehen lassen heißt Es geschehen lassen.

*

Tränen sind wie Tau, der Frische bringt: sie erlösen, erleichtern und reinigen, indem sie den Schmutz der Schwere aus dem Innersten ausschwemmen.

*

Passion: Leidenschaft ist ein Kind des Willens, das durch die zu bezwingenden Hindernisse auf dem Weg zum Ziel zur Welt gebracht wird.

*

Hypersensibel: Ein hoher Grad an Sensibilität ohne den heilsamen Schutz des Intellekts wäre reine, lebensuntaugliche Verletzlichkeit.

*

Herz hat das Gehirn in der Hand: Gedanken sind oft nur die Töne der Gestimmtheit und die farbigen Schatten der Gefühle.

*

Es gibt zwei Arten der Leere: die gern gefüllte Leere, die von Bedürftigkeit spricht und die erfüllte Leere, die der Heilige empfindet.

*

„Autologophilität": Selbstgefälligkeit jener, die sich gern reden hören.

*

Hinzulesen: Wer viel liest, der liest in einem Werk zumeist auch viel von anderen.

*

„Zwei Seelen wohnen, ach, in meiner Brust."[48] - Wie angenehm! In der postmodernen Brust tummelt sich oft ein ganzes Theaterensemble.

*

Einfall erwartet: Kreativität auf Abruf ist ebenso unmöglich wie den Zufall zu eigenen Gunsten zu zwingen.

*

Freud´scher Verhörer[49]: „Nichts ist für uns gut" anstatt „Nichts für ungut".

*

Mit den Dingen verbandelt: Begierde bindet.

*

Widerwillen: Ein Verzicht besteht darin, dass man sich zum Nein zwingt oder gezwungen wird. Ansonsten ist alle „Entsagung" Neigung und somit nur gespielt.

*

Rationalisierung: Wer meint Schwäche zeigen sei Stärke, der versucht oft nur der Schwäche etwas Gutes abzugewinnen.

*

Kleine Psychologie des Vorsatzes: Im Vorsatz wird man zum eigenen Vorgesetzten, und man stellt unter Beweis, ob man sich selbst gehorchen kann.

*

Müdigkeit: eine Art melancholischer Infekt des Leibes.

*

Eigenes: Die Verfilmung eines Buches ist selten so gut wie der gelesenen Roman: die Eitelkeit der eigenen Phantasie treibt einen zu diesem Urteil.

---

[48] Goethe, Johann Wolfgang: Faust. I + II Teil. DTV 2001, S.37.
[49] Vgl. dazu: Freud, Sigmund: Vorlesung zur Einführung in die Psychoanalyse. 10. Aufl. Fischer Verlag 2000, S. 23.

*

Kurze Psychoanalyse der Kriegspolitik: Drohungen im Großen haben immer etwas von der maskulinen Herausforderung des "Wer hat den Längsten?"

*

Wohlauf: Die Euphorie, die die Genesung begleitet, ist das Lächeln der Einsicht, dass Gesundheit ein Geschenk ist.

*

Passionsformel: Vernunft + Begehren = Leidenschaft

*

Über Wunden: Über was man ohne Schmerz reden kann, das hat man überwunden.

*

Choleriker und intelligente Menschen sind unberechenbar: dieser aus Gründen des Temperaments, jener, weil er denkt.

*

Impetus: Ein starkes Gefühl ist ein aufgeblähter, noch konturloser Gedanke mit Handlungsaufforderung.

*

Psychoanalyse: Im Schaffen kompensiert der Mann seinen Geburtsneid. Seine Werke sind seine Kinder, denen er Leben schenkt.

*

Selbst: Das Selbst ist ein sozial induziertes Sprachspiel mit Autonomieannahmen und Realitätseffekten, dass sich als Text, in wiederholbare Sätze fragmentiert.

*

Sein und Schein: Der Charakter als Kern und das Selbst als Erzählung.

*

Stufen: „Das, Ich denke"[50] ist die notwendige Bedingung des Selbst. „Das Selbst" aber ist oft Konstrukt und eine Ausstaffierung, um nicht an Langeweile zu leiden.

*

Naiv: „Ich bin ehrlich. Ich sage immer, was ich denke!" – Aus Situationsblindheit verwechseln manche Menschen Ehrlichkeit mit Naivität.

*

Rangordnung: Wo Männer sind, lässt der Lärm von Hahnenkämpfen nicht lange auf sich warten.

*

Die Aufmerksamkeit auf die Aufmerksamkeit richten heißt: erwachen.

*

Impulse: Jeder Satz, den man hört oder liest, ist immer eine Aktivierung an das je eigene Verstehen und Seelenleben.

*

Die Abweisung: Die bitterste Anweisung, die einen auf sich selbst zurückwirft.

*

Froh mit sich: Können fördert Selbstzufriedenheit.

*

Die Kraft des Spontanen: die Effektivität der plötzlichen Affektentladung liegt in seiner Unberechenbarkeit.

*

Empfindsamkeit im Groben: Auch wenn die Stimme sonor und grob klingt, verrät sie nichts über die Empfindsamkeit der denkenden Seele dahinter.

*

---

[50] Kant, Immanuel: Kritik der reinen Vernunft. Weischedel, W. (Hrsg.). Suhrkamp Verlag 1974, S. 136.

Geduld: Tut es weh, dann beobachte und warte. Eine Erkenntnis will ans Licht kommen, denn wo Leiden werkelt, strampelt sich oft auch eine Einsicht frei.

*

Fortlaufender Abgleich: Wer nicht in sich ruht, dessen Selbstbild ist ein Testbild, das in der Interaktion mit anderen stets irritiert oder bestätigt wird.

*

Lockern: Sich verkrampfte Charaktere in sexueller Ekstase vorzustellen erzeugt Mitleid: ihre Verklemmung scheint auch durch die schönste Leidenschaft unlösbar.

*

Verdrängung: unbewusste Ignoranz, um funktionstüchtig zu bleiben.

*

Ausgleich: Bewusster Narzissmus, der sich mit Selbstverachtung begegnet, bringt sich wieder in die Waage.

*

Fantasie: Seelenvermögen für schillernde Verknüpfungen und den Alltagseskapismus.

*

Begehren bewegt: Je weniger man will, umso eher lernt man im Augenblick zu sein.

*

Moralanzeiger: Freude ist eine Hochstimmung über Zustände bei sich oder anderen, die man persönlich als *richtig* und gelungen empfindet: es ist Moral im Jubel.

*

Moralanzeiger II: Ärger ist eine Art innerer Aufstand gegen Zustände, die als persönlich unpässlich und *falsch* erachtet werden: Es ist Moral in jedem Ärger.

*

Zweisamkeitsfundament: vertraute Ähnlichkeiten, die Nähe schaffen und beiderseitige, bereichernde Unterschiede, mit denen man sich ergänzt.

*

Das fünfte Temperament: der *Melanchomiker* – die Heiterkeit des Blutes, die eine seelische Schwere übertüncht.

*

Einsicht aus der Beziehungskiste: Die Grenzen zwischen einer gemachten Feststellung und einem verstandenen Vorwurf sind fließend.

*

Jugend: die Hochzeit des Lustprinzips.

*

„Es könnte sein…": Immer ist mehr oder weniger vorstellbar als ist, darum kann den Konjunktiv als Vergleich heranzuziehen ein Grund für Freud und Leid sein.

*

Entfürchten: Um frei zu werden, muss man überwinden, was man fürchtet, denn auch Furcht als kleiner Bruder der Angst, engt ein und fesselt die Beweglichkeit.

*

Im Offenen: Ich ging in mich und dann im Bewusstseinsstrom baden und fand Bilder, Worte und Erinnerungen die fließen, aber es war kein Ufer in Sicht.

*

Schlechtes zuerst: Menschen, die immer und sofort das Schlechte sehen, wenn etwas Neues ansteht, leiden *am Reflex der Negation*.

*

Anstoß: Menschen ändern sich selten von sich aus. Oft braucht es gewichtige Anlässe: Leidensdruck, Prügel des Schicksals, Sackgassenerlebnisse…

Illusion: Wenn es rundherum still wird, ist da immer der eigene Herzschlag und je nach Fall – ein Tinnitus zu vernehmen. Absolute Stille ist eine Illusion.

*

Anlässe: Männer weinen innerlich, heimlich oder beim Fußball.

*

Befreiender Defekt: Nicht alle Latten am Zaun, nicht alle Zacken in der Krone, nicht alle Steine auf der Schleuder: das fehlende Etwas in der Ordnung befreit.

*

Reduktion: Neurophysiologisch gesehen ist ein guter Gedanke nur eine Art synaptische Verkettung *geglückter* Aktionspotentiale.

*

Aufbrechen: Das Selbst ist ein Spiegelsaal. Zerschlag die Spiegel und du verlierst dich, aber findest dich frei von dir und die Welt in ihrer Fülle.

*

Gedankenwege: Ich habe keine Angst, dass mir die Ideen ausgehen. Beizeiten führen von einem Begriff viele Wege weg, auf den Gedanken gehen können.

*

Gefühle als Spiegel der Selbsterkenntnis: Glücksempfindung - ein Fingerzeig auf die eigene Passung von Anspruch und Wirklichkeit.

*

Gefühle als Spiegel der Selbsterkenntnis II: Zorn - oft ein Fingerzeig auf die eigene Ohnmacht.

*

Gefühle als Spiegel der Selbsterkenntnis III: Eifersucht - ein Fingerzeig des eigenen Besitzanspruchs.

*

Gefühle als Spiegel der Selbsterkenntnis IV: Liebe – in Form von Selbstvergessenheit ist sie ein Fingerzeig auf die eigene Freiheit von sich.

*

Gefühle als Spiegel der Selbsterkenntnis V: Begehren - ein Fingerzeig auf die eigene Abhängigkeit.

*

Gefühl als Spiegel der Selbsterkenntnis VI: Neid - ein Fingerzeig auf den eigenen Mangel.

*

Nachträgliches Gewichten: Nicht der Gedanke weckt Betrübnis oder Freude, sondern dessen Bewertung.

*

Stumpfes Messer: Man ist gegen sich selbst meist weniger kritisch als man es sein könnte, da man weiß, dass man es mit sich noch ein paar Jahre aushalten muss.

*

Gegebenheiten: Niemand kann etwas für seinen Geburtstag, seine Herkunft, seine Hautfarbe und sein Geschlecht: also keine Gründe für falschen Stolz.

*

Wir gleichen der Hydra: Man weiß nie in welchen Hals der unzähligen Köpfe eine Bemerkung landet und wie sie verstanden wird.

*

Keine Exit in Sicht: Wer sich über den ganzen Tag beobachtet, der wird vermutlich zur Erkenntnis gelangen, dass sein Ich einem Irrgarten ohne Ausgang gleicht.

*

Reise zu sich: Schalte den inneren Autopiloten ein, nimm Platz und lass dich überraschen, in welche Region von dir es dich steuert.

Laune: An guten Tagen tragen alle Dinge Glanz und jeder Gedanke hat dann Gesang auf den Lippen.

*

Aufschub: Vorurteile abbauen heißt oft nur, sie durch andere zu ersetzen.

*

Umgangsformen: Wenn man an sich Eigenschaften entdeckt, die man an anderen hasst, dann hasst man sich oder beschönigt den anderen oder man arbeitet an sich.

*

Immerhin: Eifersucht ist kein Zeichen von bedingungslosem Vertrauen, aber es ist ein Indiz für Bedeutsamkeit, die mehr ist als pure Gleichgültigkeit.

*

Kein Eigentum am anderen: Im Gefühl der Eifersucht äußert sich ein persönlicher Besitzanspruch am Anderen – nur: kein Mensch gehört uns.

*

Im Stillen: Männer reden nicht gut und gern über Gefühle. Aber sie haben Gefühle als Mensch: es liegt viel versteckte Leidenschaft im Manne.

*

Applaus: Aus Sicht des Rezipienten ist Applaus Anerkennung. Aus Sicht des Produzenten eine Streicheleinheit für sein Können und seine Eitelkeit.

*

Egokäfig: Sensibilität, ohne das Vermögen seine Gefühle artikulieren zu können, verwandelt das Ich zum Gefängnis: Mitteilungsfähigkeit befreit!

*

Selbstsicherheit: Der Weg zum Können ist eine Wüste, der dürre Pfad von Versuch und Irrtum, von Anlauf und Fall bis man eine Oase findet, die man selbst ist.

*

Träume: Begegnungen mit archaischen Kräften in uns, Hinweis auf verdrängte Begierden oder Phantasiedelirien. Je nach Traum sind vielleicht alle Optionen wahr.

*

Gespür: An der *definitiven Deutung* von Träumen beißt der wache Verstand sich die Zähne aus. Nur ein Gespür für sich und den Sinn für Poesie hilft dann weiter.

*

Privatpsychologische Interpretation: Durch die nächtlichen Träume kann jeder Mensch zum Hermeneut seines Seelenlebens werden und Selbsterkenntnis anstreben.

*

Wucherungen: Der Körper hat Bedürfnisse die wiederkehrend, aber begrenzt sind, die Vorstellung aber kreiert Wünsche, die ein Universum ausfüllen können.

*

Zuviel: Verbitterung ist ein schaler Lebensgeschmack: Sie entsteht, wenn man auf Zucker hofft, aber häufig gequirlte Scheiße trinken muss.

*

Irritation und Gedächtnis: Zwei Socken in der Tür sind mein Knoten im Schlips, damit ich ans Fenster denke: Irritation erzeugt Erinnerung.

*

Herkunft: Von oben, unten, hinten, rechts, links? Aus welcher Richtung kommen eigentlich die Gedanken ins Bewusstsein? – Eins weiß ich: stehen bleiben sie nie!

*

Perspektive: Wenn man zweimal dasselbe tut, einmal gewollt und einmal ungewollt, so ist es nicht dasselbe: Freiwilligkeit und Zwang bestimmen die Bewertung.

*

Ausreden: Ich bewundere oft die Rhetorik meiner Schwächen: was sie immer für starke Argumente bringen, um mich zu überzeugen, ihnen nachzugeben.

*

Langweile und Zeitgefühl: Langeweile heißt Zeit schmecken, die bitter ist und zäh fließt.

*

„Hoppla": „Dazu bin ich in der Lage?" – Die Augenblicke, in denen man über sich selbst erschreckt, sind oft jene, in denen man sich besser kennen lernt.

*

Optionen: Steine, die einem im Weg liegen oder gelegt wurden, sind zum Wegräumen, Slalomlauf oder zum Zurückwerfen von Nutzen.

*

Neues Paar: Der Gegensatz von Freiheit ist nicht Zwang, sondern Angst, denn Angst erzeugt erst den Zwang sich und seine Möglichkeiten zu verleugnen.

*

Bewegungstypen: Es gibt die, die sich selbst im Weg *stehen*, jene die aus sich heraus *gehen* und wiederum andere, die aus der Haut *fahren* können.

*

Attraktive „Vorteile" des Vorurteils: Es bietet Denkentlastung, Orientierungshilfe im Ozean der Meinungen, schafft Identität und Zugehörigkeit.

*

Freundlichkeit: Da kommt ein böser Gedanke. Ich empfange ihn recht herzlich und weiß: er will auch nur spielen.

*

Zuschreibung: Gedanken sind eigentlich nur elektrische Impulse im Gehirn, denen man, wenn sie ins Bewusstsein zu Wort kommen, zu viel Bedeutung beimisst.

*

Ambivalenz der Stille: Die nächtliche Stille, wenn alles schläft und Schweigen herrscht, kann Genuss oder Entsetzen sein – je nachdem, wie man mit sich klar kommt.

*

Einsicht in sich: Das schwierigste Geständnis ist oft das Eingeständnis, weil man damit die kleinen und großen Unaufrichtigkeiten vor sich offen legt.

*

Unabgelenkt: Wenn Stille herrscht, werden Gedanken laut.

*

Weg: Dreimal tief durchatmen ist eine gute Methode, um die Wut zu bezwingen und einer Situation auf dem Weg ins Unheil eine frohe Wendung zu geben.

*

Schluss machen: Wenn man sich ändern will, reicht oft schon die auf Bequemlichkeit beruhende Beziehung zu beenden, die man mit seiner Gewohnheit eingeht.

*

Dünnhäutiger: Die Hornhaut des Selbstgenügens wird dünner und poröser jede bedeutender die kritikäußernde Person für einen ist: Nähe macht verwundbar.

*

Tatbremse Humor: Etwas mit Humor nehmen, kann auch ein Weg sein, sich den Stachel aus dem Fleisch zu ziehen, damit man nicht mit Gebrüll zur Tat schreitet.

*

Unzulässige Verallgemeinerung: Die Vorurteilsfalle, in die man gerne tritt: „Kennst du einen, kennst du alle!"

*

Menschliche Temperaturstufen: Das Feuer des Fanatikers, die Flamme des Liebenden, die Glut des Genügsamen, die Asche des Ausgebrannten.

*

Schutzschild: Ein Überschuss an Rationalität kann auch eine Art seelische Aufrüstung sein, um seinen Gefühlen nicht schutzlos ausgeliefert zu sein.

*

Anmutstrauma: Alle reden von Trauma aus negativen Erfahrungen. Aber weiß keiner welche Wunde das Welken nie wiederkehrender Anmut schlägt?

*

Ausgleichshaltung: Wer die Nase hoch trägt, bei dem ziehe man in Betracht, ob er nicht ein Doppelkinn zu verbergen versucht.

*

Aufarbeitung: Wer seiner Vergangenheit kalt den Rücken kehrt, der lädt sie ein, einen wilden und getriebenen Ritt auf dem eigenen Buckel durchs Leben zu wagen.

*

Sich im Weg stehen: Übertriebener Selbstzweifel ist ein Sabotageakt an sich.

*

Zweifel: intellektualisiertes Misstrauen.

*

Aufschub: Vieles machen und erleiden wir doch nur, in der Hoffnung, es dadurch später besser zu haben.

*

Zündstoff: Innehalten zur Beruhigung? Manchmal heizt dreimal tief durchatmen nur das Feuer an, denn Flammen lieben Sauerstoff.

*

Aus Gründen der Auseinandersetzung: Es steckt viel Liebe in der Verzweiflung.

*

Verliebtsein: Fremd-Ego-Doping. Narzissmus: Eigen-Ego-Doping.

*

Talent und Selbstdisziplin: der Boden für Großes.

*

Sowohl als auch: Schwermut heißt, dass es der Mut schwer hat, weil eine dezidierte Entscheidung von zu vielen, oft widersprüchlichen Gedanken ausgebremst wird.

*

Müdigkeit: die kleine Schwester der Melancholie.

*

Melancholie: Die Schwerkraft im Seelenhaushalt, die die Gedanken auch nach Luftsprüngen wieder zurück auf den Boden holt.

*

Hilfe: Therapiert werden heißt, eine Wirklichkeitsauffassung annehmen, die allgemein geduldet wird, um wieder schmerz- und konfliktfrei zu funktionieren.

*

Eitelkeit: die strenge Mutter des Ehrgeizes, die ihren Zögling in den Stolz treibt.

Spurlos: Gedanken und Gefühle sind wie Wolken: schaut man ihnen nicht hinterher, ziehen sie vorüber und lösen sich auf, ohne Spuren zu hinterlassen.

*

Psychologie des Smartphones: Ein Stück Verbundenheit in Zeiten der Unverbindlichkeit, das die Furcht mindert, plötzlich allein zu sein.

*

Mitgefühl: eine *erfahrungsbasierte Vorstellung* von dem, was der andere fühlt, weil unser Nervensystem nicht in das des Anderen reicht.

*

Zynismus: nicht selten ein Kleidungsstück, das latente Verzweiflung überdecken soll.

*

Maske: Humor ist beizeiten nur maskierter Ärger.

*

Es steckt auch ein Gramm Rache im Spott: ein Zyniker zahlt heim!

*

Kleine Psychologie der Modalitäten: Wirkliches langweilt, Notwendiges frustriert, und das Mögliche reizt.

*

Selbstursache: Langeweile ist kein Außenereignis, sondern mehr ein geistiges Trägheitsmoment im Ich.

*

Betroffenheit: Emotionen, die eine geäußerte Behauptung begleiten sind kein Argument für ihre Richtigkeit, sondern eher ein Indiz ihrer persönlichen Wichtigkeit.

*

Erwartungen: erwünschte Wirklichkeit mit Sollanspruch.

*

Vorteil im Alter: Enttäuschungsresistenz.

*

Das Gedächtnis ist wie eine Klette: was einen im Kern trifft oder betrifft, das bleibt am längsten haften.

*

Kreativität: Kombinationsglück aus reichen und fließenden Beständen.

*

Austreibung: Kopfschmerzen sind der körpereigene Exorzismus guter Gedanken.

*

Tagtraum: Ein Flirt mit der Zukunft, aus dem etwas werden könnte.

*

Gier: Besitzwunsch ohne Boden.

*

Schadenfreude: Alltagsbosheit im Lachformat.

*

Distanz: Die kühle Maskierung im zwischenmenschlichen Verkehr versucht nicht selten das befürchtete Drama der Zurückweisung unaufgeführt zu lassen.

*

Verbunden: Wenn eine Meinung zu unserer Identität gehört, dann wird die Kritik an der Überzeugung oft und unbewusst als Attacke auf die Person verstanden.

*

Stimmungen: Die Hintergrundmelodie im Seelenhaushalt gibt auch dem geistigen Geschehen die Musik vor.

*

Ausreden vor sich: rhetorische Kunstgriffe der Unlust, um unliebsamen Tätigkeiten zu umgehen.

*

Verzweiflung: eine Art Enttäuschungstrance.

*

Sucht: Hinter allen Sehnsüchten und vielem, was wir tun, steckt nur eins: Die Begierde nach Lust. Wir sind Junkies des guten Gefühls.

*

Metamorphose: Gemachte Erfahrungen kleiden sich mit Blick nach vorne ins Gewand der Erwartungen.

*

Die Gewohnheit nur auf Anweisungen zu reagieren: Erlernte Unselbstständigkeit.

*

Psychologie der Haltung: Der Konservative ist ängstlich, der Progressive neugierig und der Subversive zerstörerisch und neugierig zugleich.

*

Fähigkeit und Eigenschaft von fast jedem: Verletzend und verletzlich sein.

*

Gekränkte Eitelkeit: Ein Tritt in die Eier der Eigenliebe, der einen ungewollt und schmerzvoll grübelnd und gebückt gehen lässt.

*

3.1 Einsamkeiten zwischen Himmel und Hölle

*

Einmalig: Ein Plagiat deines Pulses ist unmöglich. Du bist und lebst einmalig, mit *diesen Augen* und Ohren über einen Abgrund gelehnt.

*

Dasein ohne Ausweg: Zu Lebzeiten gibt es keinen Ausweg vom Zwang zur unablässigen Auseinandersetzung mit den Anderen, der Welt und sich.

*

Unmittelbarkeit ist *unmitteilbar*: In den Sphären der Sinnlichkeit ist jeder mit sich allein und alles Reden drüber hinaus eine Sehnsucht nach Verständnis.

*

Kostbarer Kerker: Nie wirst du hören wie Anderen deine Stimme klingt oder sehen wie sie dich sehen. Alles ist *deine* Deutung. Es gibt keinen Ausweg aus *dir*.

*

Zeitraumlos: Wenn man sich allein und in einem leeren Raum köstlich amüsieren kann, dann hat man in sich und an allen Orten ein Zuhause.

*

Das Gute der Einsamkeit: man ist niemandem Rechenschaft schuldig, wenn einem niemand nahesteht und nahegeht.

*

Eine verachtfachte Einsamkeit gibt Achtsamkeit: Einsamkeit intensiviert das Erleben und schenkt Augen eines Adlers.

*

Die selbstgewählte Einsamkeit: das beste Gegenmittel gegen eine Überdosis Soziales!

*

Wortlos: Ungewollte Einsamkeit ist oft der Effekt einer Art Sprachlosigkeit, eine Einkerkerung ins sich – aus Mangel an Worten für das, was bewegt und weh tut.

*

Expressionsvorzug: Ein guter Ausdruck und ein geistig verwandtes Gegenüber verringert die Einsamkeit, - hebt sie aber nie auf.

*

Verstehensisolation: Der Grad der Einsamkeit steigt mit dem Grad des Unverständnisses.

*

Langeweile allein: Langeweile ist ein Zeichen für den Mangel an geistigem Reichtum.

*

Kleine Psychologie des Lästerns: Andere herabsetzen, um sich selbst zu erhöhen – da man sich selbst nicht genügt.

*

Geistiger Austausch: Menschen mit Büchern sind nie ganz allein.

*

Die Unterwelt in uns: Sich, das eigene Leben und die Anderen hassen - Die Hölle ist kein Ort, sondern ein Geisteszustand.

*

Das Paradies besteht als Option in uns, wenn man alles bedingungslos liebt und bejaht. Das Paradies, eine übermenschliche Unmöglichkeit, ein inneres Utopia.

*

Die andere Seite des Dunkels: In tiefster Einsamkeit führt *vielleicht* das Alleinsein zum erhellenden Gefühl des All-Eins-Seins. - Ein Ausweg aus Verzweiflung.

*

Sammlung: Abgeschiedenheit tut beizeiten not, um der Stille ein Stück Klarheit abzugewinnen, das man im Gewirr des Geredes unter Menschen verlor.

*

Umkehr: Sich Besinnen führt nach Innen.

*

Geburten: Aus der gesellschaftlichen Eingebundenheit ist die gewählte Einsamkeit eine Entbindung und kleine Geburt: ein zu-*der*-Welt kommen, die man selbst ist.

*

Identitätsdrift: Durch Ironie verstellt und dann nicht mehr auffindbar: manche Menschen wissen vor lauter Ironie gar nicht mehr wer sie sind und wo sie stehen.

*

Alles in einem: Die Leere, ein Ort in uns, ein Ort als Zuhause im Spiel der vergänglichen Fülle.

*

„Keine Rolle spielen": Die Einsamkeit hat ihren Vorzug darin, dass man keinen Erwartungen ausgesetzt ist: dort kann und darf jeder sein wie er ist.

*

Show: Wer in der Einsamkeit vor sich unaufrichtig ist, der ist zu bedauern, denn für den wird die einsame Stunde zur Bühne vor sich und das Leben zum Theater.

**

Bereichernde Transformation: Angst in Abenteuerlust verwandeln und schon wartet ein neues Stück Welt auf die Umarmung.

*

Exitoption: Es bleibt immer die Alternative der letzten Tür.

*

3.2 Gesichter und Fratzen des Mutes

*

Machen: Man muss auch den Mut zum Fehler haben, sonst kommt man nicht voran und tritt auf der Stelle.

*

Beispiel für Andere: Wer Mut zeigt, der erzeugt ihn auch.

*

Selbst und Liebe: „Liebe mich so wie ich bin oder lass es!" – Habe Mut du selbst zu sein, ohne dich für die Liebe zu verbiegen.

*

Nüchterner Mut: Manchen Menschen ist nüchtern der Mut zu wünschen, den sie betrunken haben: ihr Leben wäre dann vermutlich aufrichtiger und reiner.

*

Hinab: Schwermut ist der Mut zur Schwere und die Neigung zu den Gründen zu gehen, weil alles was schwer ist, zum Grund sinkt und die Tiefe liebt.

*

Mutmutation: Mut mutiert zur Dummheit, wenn man weiter macht, obwohl die Situation aussichtslos ist.

*

Ausgemergelt: Angst ist der lange Arm an dem Mut verhungert.

*

Im Nachhinein: Der Unterschied zwischen Mut und Tollkühnheit, Klugheit und Idiotie liegt oft im Ergebnis begründet.

*

Gleichmut: Der Mut, es und etwas sein und los zu lassen.

*

Demut: Der Mut, sich die eigene Hinfällig- und Nichtigkeit einzugestehen.

*

Schwermut: Der Mut zur Schwere und gedanklichen Gründlichkeit.

*

Hochmut: Die Blindheit, die eigene Hinfälligkeit nicht wahrhaben zu wollen.

*

Mut: die Fähigkeit, zu sagen und tun, was man für richtig erachtet, auch und gerade, wenn Widerstände zu erwarten sind.

*

Lebensmut: Der Versuch, trotz aller Widerstände und Hinfälligkeiten sein Leben zu meistern.

*

Binden und Öffnen: Angst ist eine Fessel, Mut ein Brecheisen.

*

Frei nach Horaz: „Wage es auch - scheiße zu sein!"[51]

*

---

[51] Vgl. dazu: Horaz zitiert in: Büchmann, Georg: Geflügelte Worte. Bücherbund Verlag 1964, S. 531.

3.3 Von der Hoheit und den Lächerlichkeiten der Liebe

*

Verlustangst aus Besitzgründen: Wer Liebe als Besitz versteht, der hat im Geliebten zugleich einen guten Grund für die Angst vorm Verlust.

*

Kathartische Kommunikation: Ein klärendes Gespräch, das erleichtert, - eine seelische Reinigung à deux.

*

Grund: Um über das Wunder und das Weh der Liebe zu sprechen, erfanden die Menschen Gedichte.

*

Erdung: Verliebtsein ist ein Schweben, ein hoher Blindflug zu zweien. Liebe ist ein gemeinsamer Gang, wach, aber noch immer auf leichten Füßen zum Tanze bereit.

*

Eigennutzen der Liebe: Lieben heißt den anderen glücklich zu wissen, aber in alle Selbstlosigkeit mischt sich als Nutzen: das gute Gefühl.

*

Bruch: Die erste Liebe die zerbricht, ernüchtert alle nachfolgende Liebe, denn der Traum der Zweisamkeit erfährt in ihrem Bruch eine nachhaltige Entzauberung.

*

Durchsichtige Maske: Diese melancholische Traurigkeit im Lächeln, das versucht spielerisch über eine Verletzung hinwegzugehen…

*

Eine Welt der Liebe? - Gegenliebe, von denen die man selbst liebt. Im Umgang mit dem Rest genügt Achtung und Respekt. Sonst wird es penetrant.

*

Kalorienarm: Liebe ohne Leid, Beziehung ohne Verbindlichkeit, Zukunft ohne Sorge, Entschlüsse ohne Risiko – die „Light Version" der Liebe.

*

Fortbestand: Was wir aus Liebe wagen und geben, wird Früchte tragen und weiterleben.

*

Glut: Eine Liebe, die man nicht selbst beendete, stirbt nie ganz – auch wenn es nur wohlwollende Wünsche sind, die bleiben.

*

Spannungen aushalten: Wenn die Sonne scheint ist Zweisamkeit süß und schön. Echte Liebe aber zeigt die Festigkeit ihrer Bande erst wenn ein Abgrund daran zerrt.

*

Überfließen: Liebe heißt Geben. Geben aber setzt Überschüsse voraus und nicht Leere, die gerne gefüllt werden will.

*

Modifizierter Descartes für große Seelen: „Ich schenke, also bin ich!"[52] – Geben als Zeichen und Gewissheit der Lebendigkeit.

*

Lügen aus falschem Genügen: Fremdgänger suchen fremdes Vergnügen, weil sie sich mit jemandem begnügen, der ihnen eigentlich nicht genügt.

*

Ende: Schlussstriche werden oft nur mit Bleistift gezogen, was es der Vergangenheit ermöglicht sie wieder auszuradieren. Nur Annehmen beendet etwas wirklich.

*

Die Nachtseite der Liebe: die nachhaltigste Verletzung.

---

[52] Descartes, Rene: Abhandlung über die Methode, wie die Vernunft richtig zu gebrauchen. Martix Verlag 2006, S. 79.

Verstellung in der Liebe: Ein intimer Maskenball auf engstem Raum.

*

Liebe: Was aus Liebe und mit Hingabe getan wird, gewinnt Leidenschaft und Tiefe.

*

Liebe und Zeitgefühl: Liebe im Augenblick heißt, in der Zeit ruhen, die still steht und einen wach küsst.

*

Selbstlos ohne Liebe: Liebe hat mit Pflicht zwar die Selbstlosigkeit gemein, aber diese ist freiwillige, jene erzwungene Überwindung: es ist keine Liebe in der Pflicht.

*

Auf und zu: Liebe ermöglicht, Hass verhindert.

*

Liebe auf den ersten Blick tiefenpsychologisch gedeutet: vielleicht die Übereinstimmung von Seelenbild und Wirklichkeit in einem Augenblick.

*

Liebe auf den ersten Blick: vielleicht nur ein Mythos, um die Sehnsucht aufrecht zu erhalten.

*

Steigerung: Liebe d. h. die ungebremste Zuneigung zu jemandem zu empfinden, den wir glücklicher wissen wollen als er uns, durch seine Art zu sein, macht.

*

Einmalig: Wer seinen Partner „Schatz" nennt ist abschätzig. Millionen andere nennen ihre Liebe ebenso. Ein kreativer Kosename ist Kennzeichen des Besonderen.

*

Raum: Liebe heißt auch Aufmerksamkeit, Zuneigung und den Raum zu geben, der es ermöglicht, dass jeder sein und werden kann, der er ist.

*

Mord: Wo Liebe nicht erwidert wird, ist sie zum Verkümmern gezwungen. Und es schmerzt nicht wenig, wenn man seinen Wunsch nach Liebe *erwürgen* muss.

*

Ich bin mein Gehirn: Neurowissenschaft ist alltagsuntauglich: Denn „Ich liebe dich" heißt dann in etwa „Mein Hirn ist von deinem Phänotyp euphorisch hormonisiert."

*

Sprache: Körperliche Zärtlichkeiten sind in die Fingerspitzen transportiertes Geflüster, dass von Liebe erzählen will.

*

Liebe und Leiden: Wo kein Quäntchen Leidenschaft zu finden ist, dort ist zumeist auch keine Liebe am Werk.

*

Peanuts: Den Partner mal in den Arm nehmen und ihn unvermittelt etwas Nettes sagen: Kleinigkeiten sind es die die Bedeutung der Liebe im Alltag beleben.

*

Liebessklave: Jeder sollte geliebt werden, weil er ist, wie er ist. Wer glaubt sich Liebe verdienen zu müssen, der erniedrigt sich zum Lakaien eines Gefühls.

*

Nach dem Bruch: Wer am Ende der Liebe jammert „Ich hab doch so viel in diese Liebe investiert", der beweist, dass er in der Beziehung ein Ökonom war.

*

Sickereffekt: Ebenso wie Unternehmer in ihr Unternehmen investieren, um an Ende *mehr zu haben*, als sie ausgaben, so „investieren" Menschen heute in ihre Liebe.

*

Stufen: Wenn man am Anderen nur Anmut sieht und alles tanzt, ist man verliebt. Wenn dann die Defekte sich zeigen und man weiterhin ein Paar bleibt, heißt es: Liebe.

*

Bedingung: Alleinsein zu können ist die Voraussetzung zur Liebe. Ansonsten ist sie oft Flucht und ein Klammerreflex aus Angst vor den leeren Abenden mit sich.

*

Courage zur Hingabe: Weil Liebe verletzlich macht, ist Mut erforderlich.

*

3.4 Vertrauen und sein Gegenteil
*

Zutrauen: Jeder kann zumeist mehr, als die Anderen einen glauben machen wollen. Mangelndes Vertrauen in sich ist eine Selbsterprobungsbremse.

*

Urvertrauen: „Es ist wie es ist und so wie es ist, ist es gut."

*

Vertrauenserwägung: Wer die Ideale und Geheimnisse eines anderen kennt, dem eröffnet man die Tür dessen Richter und Verräter zu werden.

*

Misstrauen: der Instinkt zur Distanz.

*

Erhoffter Fels: Vertrauen ist Hoffnung und ein Zeugnis des Mutes, da man sich traut auf die geglaubte Charakterfestigkeit eines Menschen zu setzen.

*

Weil man das Negative und die Eventualitäten ausblenden kann: Vertrauen reduziert die Sorge.

*

Erfahrungsfrucht: Wer oft das Nachsehen hatte, der sieht sich eher vor: Misstrauen ist eine Spielart der Vorsicht, an schlechten Erfahrungen gereift.

*

3.5 Vom Toben und Wutproben

*

Der Vorteil der Wut für die Schüchternen: sie bringt den Mut auf, den man ansonsten nicht hätte, um den Mund aufzumachen.

*

Charakterisierung: Wut ist der große Bruder des Ärgers, der muskelbepackt, halbblind, lauthals und starrköpfig verändern will, was ihm persönlich nicht passt.

*

Vergeistige Wut: Wut die geistige Formen annimmt, trägt oft das Gewand von vernichtender Kritik.

*

Ventilopfer: Zornige Charaktere bergen oft eine verdrängte Feindseligkeit in sich, die unerkannt oder uneingestanden wird, aber ein Ventil und ein Opfer sucht.

Fluchen: der Voodoo des Alltags ohne Puppe.

*

Innehalten lernen: In der Wut drückt sich oft ein Mangel an Geduld aus.

*

Wut: Aktualisierte Animalität und die Reminiszenz an die Raserei der Wildnis in uns.

*

Der Nutzen des Fluchens: Fluchen vermag nichts, aber es befreit und erhebt für Sekunden.

*

„Wenn´s nicht so läuft wie man will": Wut entsteht, wenn der Wille auf Widerstand stößt und man dennoch unbedingt an der Verwirklichung festhält.

*

„Halt!": Wenn die persönliche Grenze erreicht ist, dann kann Wut auch ein kraftvoller Selbstschutz sein, sich nicht mehr länger wehtun zu lassen.

*

Angriffslust: Mit Wut wird man zur Waffe.

*

Fluchen phonetisch vernommen: Eine Verlautbarung in Kraftworten, die ans Fauchen erinnert.

*

3.6 Von Schönheit und Schmerz

*

Geburtswehen: Nicht der Tod schmerzt, sondern das zweite „zur Welt kommen" aus dem geborgenen Traum der Abertausenden, da man sich allein wiederfindet.

*

Hic et nunc: Schmerz hat einen Vergegenwärtigungseffekt.

*

Brandzeichen: Für zweierlei hat das Gedächtnis Vorlieben: Schönheit und Schmerz. Beides brennt sich schnell, tief und lange ein.

*

Grund I: Die Präferenz des Gedächtnisses für Schmerz hat Gründe: In der Erinnerung an die Pein, will man sich in Zukunft davor wappnen.

*

Grund II: Die Präferenz des Gedächtnisses für Schönheit hat Gründe: In der Erinnerung an die Schönheit will man sich des Sinns versichern.

*

Rache: Suizid ist oft ein Racheakt an der Umwelt, der sagt: „Hier habt ihr meinen Schmerz zurück, weil in eurer lieblosen Welt war für mich kein Platz!"

*

Zuneigung: Das Lächeln der Traurigen und Einsamen ist mir das Liebste, weil es so selten schön und aus herzlicher Tiefe kommt.

*

Trainingseinheitseinsicht: Trainieren bis es schön schmerzt und sich danach verdammt gut fühlen: Sport hat beizeiten etwas Masochistisches.

*

Abmildern: Die Beschönigung schmerzlicher Erlebnisse ist oft eine unbewusste Entschärfungstaktik, damit man sich beim Erinnern nicht erneut schneidet.

*

Mit Gebrüll: Schmerz ist von aggressiver Aufdringlichkeit: ob psychisch oder physisch – immer will er mit Gewalt unsere Aufmerksamkeit auf sich ziehen.

*

Dankbarkeit: Wer einem Schmerz dankt, der ist entweder Masochist oder weise, denn nur diese beiden gewinnen ihm etwas ab: dieser Lust, jener Erkenntnis.

*

Geburtshelfer: Alter, Krankheit, Verlust, Einsamkeit, Schmerz, Leid, Kampf, Tod: wir mögen sie nicht. Aber diesen Grenzen gebührt Dank, denn sie bringen dich zu dir.

*

Schmerz und Zeitgefühl: Schmerz heißt in der Zeit stecken, die still steht und einen wach schreit.

*

Doppelschmerz im Verlust: Es ist nicht nur der Verlust über das Verlorene, der schmerzt, sondern auch die Ohnmacht nichts daran ändern zu können.

*

Aufzeichnungen: Papier kann brutal sein, weil es Schmerz konserviert.

*

Zweites Intermezzo: Wahres und versuchter Wortwitz

*

Gebildete Schmerzen: „Ich kann mich sehr gequält ausdrücken."

*

Assoziation: Das Erste an das ich dachte, als ich meinte, etwas Erbauliches schreiben zu wollen, war Wasser, Sand und Zement.

*

Behandlung des Erkenntnisvermögens: Zahlt die Krankenkasse eigentlich den Besuch beim Epistemologen?

*

Versteckspiel für nekrophil veranlagte Personen: „Eckstein, Eckstein, alles muss verreckt sein…"

*

Lösung der Unschärferelation der Quantenphysik: der synthetische Zustand zwischen *W*elle und T*eilchen* – ein Weilchen!

*

Leitsatz des Nörglers: „Es gibt nichts Gutes, außer man *bebuht* es!"

*

Die kleine Gymnastik des Nichtmitmachens: Wider*stehen*, wider*setzen* und wider*legen*.

*

Fertig? - Wenn du denkst es geht nicht mehr, kommt irgendwo noch Arbeit her.

*

Auf der Suche: Glücksgewühle...

*

Dritte Runde: Erst "Faust I", dann "Faust II", im Falle einer Trilogie hätte Goethes Tritt- Verzeihung! - Drittwerk vermutlich "K.O." geheißen.

Nicht kleckern, sondern kotzen...

*

Den Neuanfang wagen: Die Gunst der Wunde nutzen.

*

Bildungsrepubliken: Der steigende Hohlstand der Nationen...

*

Sprichwort: Wer Anderen eine Grube gräbt, der ist Bestatter oder ein Bauarbeiter.

*

Sprichwort II: Wer zuletzt lacht, der lacht zuletzt.

*

Werbung fürs Klarsehen: "Mit dem dritten Auge sieht man besser."

*

Cäsar ohne Lust auf Krieg: „Ich kam, sah und ging wieder!

*

Weltauflösung: Mir ist heute nicht gut und werde mal zum Arzt gehen. Ich glaube ich habe einen skeptischen Anfall!

*

Esotherikersport: Chakrastreicheln.

*

Reizüberflutung: Überweltigt sein.

*

Für Wortliebhaber: „Verlustig" ist ein vielsagendes Wort. Da steckt Lachen drin, es mahnt der Hinfälligkeit und verweist auf den Kitzel der Lust.

*

Steigerung: Dasein - Da, das Sein - Dada sein.

*

Bezüge: Einige ziehen an einem Strang, andere ziehen ab, andere sich einen rein, andere ziehen andere durch den Kakao und einige ziehen ihr Ding durch.

*

Innovation des Sprichwortes: Aus einer Mücke einen Elefant und aus einem Furz einen Taifun machen...

*

Abgangspoesie: Der Tag des jüngsten Gedichts!

*

Müdigkeitslevel: Ich hätte eben beim Gähnen fast die Welt verschluckt.

*

Aus dem ethischen Nähkästen plaudern: Erzähl mir einen Schwank aus deiner Tugend.

*

Höfliche Ansprache für schräge Vögel und Verrückte: „Euer Merkwürden..."

*

Fahrendes Verliebtsein: Ich habe Schmetterling im Bauch, denn ich war unvorsichtig und habe zwei schöne Exemplare bei der Bergabfahrt verschluckt.

*

Wendepunkt: Schluss mit frustig. Komödie: Stuss mit lustig. Rechtsradikalismus: Stuss mit frustig.

*

Halb Spaß, halb Ernst: Der Spärnst.

*

Tipp für Schwimmer: Fürs Kraulen Finger und Zehnnägel maximal lang wachsen lassen. Sieht scheiße aus, funktioniert aber wie ein paar Flossen.

*

Betrachtung: Nüchtern betrachtet ist die „nüchterne Betrachtung" ein Grund zum Trinken, um zu sehen wie die „nüchterne Betrachtung" betrunken sieht.

*

Raum: Im Schwimmbad, gehe ich immer, auch wenn ich allein bin, in die Familienumkleide. Denn der ganze Zirkus in mir würde wohl auch als Familie durchgehen.

*

Mittendrin, aber nicht ganz dabei: manche mögen es „Meta".

*

26 Stunden wach: Soviel Coffein wie ich im Blut habe – damit bekäme ich bei Eduscho sofort eine Festanstellung als Reservetank.

*

Zurückhaltung: Impulskontrolle ist eine feine Sache. Ich glaube, wenn es sie nicht gäbe, dann liefen wir alle mit Beulen und blauen Flecken durch die Straßen.

*

Der „Tanz" in Akzep*tanz*: Die resultierende Leichtigkeit der Annahme.

*

Der „Tanz" in Dis*tanz*: Der resultierende Bewegungsfreiraum des Abstands.

*

Innerhalb aller Klimazonen: Menschen sind Wonnenanbeter.

*

Die fröhliche Grenze: die unerträgliche Leichtigkeit des Neins.[53]

*

Tipp an Sisyphos: Bau den Berg ab oder lass einfach den scheiß Stein unten liegen.

*

Sozialisation: Sozialisolation - Vereinsamung in Massen.

*

---

[53] Dieses nicht ganz unsinnige Wortspiel ist dem Buchtitel Kundera entlehnt: Kundera, Milan: Die unerträgliche Leichtigkeit des Seins. Fischer Verlag 1987.

4. Leben: Über sein Wunder und seine Wunden

*

Leben: Fragend hineingestellt sein in die Taghelle zwischen drei Nächten.

*

Individuelle Passionsspiele: Leben, ein Kreuz, das jeder selbst trägt.

*

Andauernde Änderung: Nichts ist von Dauer. Veränderung: ein Synonym für Leben.

*

Erzählstoff: Leben wird in Geschichten von Narben und Lachen erzählt.

*

Über Bruchstellen: Ein gebrochenes Bein entschleunigt, ein Bruch mit dem gewohnten Leben rüttelt wach.

*

Der lebendige Tod: Ein aus*gefühl*tes Leben.

*

Einseitige Beziehung: Wir sind ihm gleichgültig, das Leben liebt uns nicht und es hasst uns nicht. Nur wir tun das – je nach Situation.

*

Die größte Ungerechtigkeit gegen das Leben: Nur gern leben wollen, wenn es einem gut geht.

*

Ziemlich offen: Existieren ist ein offenes Experiment ohne allgemeingülti-ge Anleitung: Wir versuchen uns im Augenblick an der Zukunft – Ausgang fast unbekannt.

*

Unergründlich: Der gern vergessene Abgrund des Lebens ist seine grundlegende Unbegründetheit.

*

Der Tag der Geburt: Dass so viele Begebenheiten seit dem Urknall zur mir und jedem führten, lässt "Zufälle" zum Synonym für „Wunder" werden.

*

Leben hat die Tragik einer Cocktailbar: unendlich viel zu saufen, aber zu wenig Zeit, um von jeder Mixtur ein Glas zu nehmen.

*

Schöne Aussichten: Inseln, aber kein Land in Sicht. Leben heißt schwimmen lernen, um am Ende zu ersaufen.

*

Jedermannsgenie: Jedes Menschenleben hat seine genialen Momente, in denen man etwas denkt, sagt oder tut, was so noch nicht vorkam, bereichernd und neu ist.

*

Nachbarin: Ein Blick aus dem Fenster. Ihr Mann starb vorgestern und sie schert das Laub zusammen, atmet und erinnert sich. Das Leben geht weiter.

*

Ähnlichkeit I: Eine Eintagsfliege sitzt auf dem Bildschirm. Lange lebt sie nicht. Aber unsere Lebenszeit vor dem Hintergrund des Universums? Wir ähneln uns!

*

Abgang II: Die Eintagsfliege ist lichtgeil und geradewegs in die Kerzenflamme geflogen. Zappelnder Todeskampf. Leben ist kurz und grausam. Das war es für sie.

*

Urteilsgrenze: „Das Leben ist schön!" kann nur heißen „Mein Leben ist schön", da niemand *das* Leben und die Empfindungen der Anderen zu Genüge kennen kann.

*

Hingabe: Sich ganz dem Moment hin geben, heißt den Moment leben.

*

Fest: Ein Mahl ist das Leben auf der Tafel der Vergänglichkeit, bitter süß, mit Gift und Zucker, Wein und anderen Brocken aufwartend, die zum Erbrechen reizen.

*

Dunkle Lebensbeschreibung: Abstufungen in Schwarz, Farbtöne des Schmerzes, lebendige Modalitäten des Desasters, Nuancen des Lamenti...

*

Vier Existenzmodi: Leben als Aufgabe oder Leben als aufgebebenes Problem oder Leben als Problem zur Findung einer Aufgabe oder Leben als problematische Aufgabe.

*

„Eins nur: Diese Dichte und diese Fremdartigkeit der Welt ist das Absurde."[54] – Also mit diesen Empfindungen bin ich per Du.

*

Erwirkte Möglichkeiten und erwürgte Möglichkeiten: Entscheidungen eröffnen etwas und verschließen anderes.

*

Tag und Leben: Aufwachen, dann dies lieben und erledigen, jenes und sich erleiden, bis der Schlaf anklopft: Gleicht nicht jeder Tag einem kleinen Leben?

*

---

[54] Camus, Albert: Der Mythos des Sisyphos. Rowohlt Verlag 1997, S. 22.

Es schafft uns: Am Ende unterliegen wir alle dem Leben.

*

Nutzen: „Die Entscheidung, ob das Leben sich lohne oder nicht"[55] ist eine existentielle Kosten-Nutzenrechnung. Mir dünkt Camus war weniger Philosoph als Ökonom!

*

Aus Gründen der Unvorhersehbarkeit und der Kontingenz des Kommenden: Existieren hat etwas von einer provisorischen Improvisation.

*

Aus der Geborgenheit ins Kühle: Der erste Schrei nach der Geburt, die Sekunde, in der wir das Leben schon vollends verstanden haben: Kalt ist´s in der Welt.

*

Seine Facetten entfalten, sich erproben, ein Fest an Fähigkeiten abbrennen, um sich am Ende zusagen: „Mein Leben: mein Versuch!"

*

Lebenszeit: Früher oder später wird jeder über sein „früher" reden, da es für ein Morgen zu spät ist.

*

Vom Leben: Was lebt, dass atmet und strebt.

*

Differenzkette: Die theoretische Unterscheidung bedingt die Entscheidung und Entscheidung schafft den praktischen Unterschied.

*

Tränen: Mondsilberne Bedeutungsperlen, die das Leben aus uns wringt.

*

---

[55] Camus, Albert: Der Mythos des Sisyphos. Rowohlt Verlag 1997, S. 10.

Wer regiert? Leben, ein Film, in dem jeder ein Statist der Geschichte mit der Perspektive der Hauptrolle ist, ohne zu wissen, wer im Ganzen Regie führt.

*

Wunder: Existieren ist eine unsichere Angelegenheit, es ist wie auf bodenlosem Grund zu leben, ganz so, als liefen auch wir irgendwie übers Wasser.

*

Unterschied: Kein Entschluss den man fasst, gleicht im Detail dem der Anderen: Leben ist eine Kette von Entscheidungen, die es einmalig macht.

*

Gewusst wie, warum, wozu: Mit guten Gründen lebt sich's besser.

*

Schwere Leichtigkeit: Die Leichtigkeiten des Lebens, diese Streicheleinheiten mit dem Vorschlaghammer, die aufgrund ihrer Rarität tiefsten Eindruck erzeugen.

*

Lass dich etwas erzählen: Scheiß auf Cremes und Schönheitschirurgie: Falten sind die Zeilen, die das Leben in den Leib schreibt, um von sich zu erzählen.

*

Anstandsloses Zurückgeben: Wenn man das Leben allgemein als Geschenk ansieht ist Suizid ein Akt der Unhöflichkeit.

*

Wendepunkte: Die größten Ereignisse sind jene, die eine alte Ordnung grundlegend ändern und dies im Gang der Geschichte als auch im Leben des Einzelnen.

*

Leben: eine komische Tragödie. Es hat seine Lacher und Lustspiele, seine Späße und Schmerzen. Aber immer endet es, auch ohne Zutun, tödlich.

*

Wunsch: Da ich kein Jenseits in Betracht ziehe, wünsche ich für mein Leben, dass ich sauber und gesund bleibe, es lang und intensiv wird.

*

Dazwischen: Zwischen dem, was man denkt und absichtlich tut und dem, was einem ohnmächtig widerfährt, bewegt sich das, was man „Leben" nennt.

*

Gehen- und loslassen, sich ein- und verlassen, laufen und auf sich zukommen lassen, er-, be- und zulassen – Gelassenheit leben und Leben Raum geben.

*

Reframing: Man sehe es einmal so: Ewig zu leben würde irgendwann langweilen – erst der Tod spricht das Leben heilig, weil es endlich und einmalig ist.

*

Diamant Leben: Leben ist wie ein komischer Diamant: es ist hart, schön, wertvoll, unter Mühen zu gestalten und zwischen alle dem – sehr, sehr zerbrechlich.

*

Sieg über das Leben: Der eigenen Hinfälligkeit froh werden und eine *apokalyptische Heiterkeit* entwickeln, die es vermag sich selbst in der Hölle tot zu lachen.

*

Leben - Oder: Die Unmöglichkeit eines seelisch unversehrten Ausgangs.

*

4.1 Leben und dessen Kunst

*

Gute Verhältnisse: Jeder steht im Verhältnis zu sich, anderen und zur Welt.[56] Ein gutes Leben führen heißt diese Verhältnisse besser als erträglich zu gestalten.

*

Kernfrage der Lebenskunst: „Wie ist ein gelingendes Leben in der Hölle möglich?" – Wenn dies geklärt ist, wird alles Leben heiter!

*

Lebenszeit: Das Leben ist zu kurz, um schlecht zu leben.

*

„Besserung der Seele"[57]: Die Sorge um die Seele, das einst ein Grundbemühen der Philosophie war, hat heute der Wellnessurlaub übernommen.

*

Kunst der Bessergestellten: Da letztlich keiner überlebt, ist das gute Leben ein Luxus auf Zeit, den sich nur der leisten kann, der nicht ständig ums Überleben ringt.

*

Nötige Distanz: Sich an der Welt reiben und mit ihr warm werden, ohne zu überhitzen.

*

Rückschau: Die Vergangenheit als Erkenntnisquelle ist für die Verantwortung von Morgen von gegenwärtigem Nutzen.

*

Prüfstein guten Lebens: sich in *seiner* Haut so wohl fühlen, dass man mit keinem Menschen aus Gegenwart und Geschichte tauschen wollte!

---

[56] Vgl. dazu: Dörpinghaus et. al.: Einführung in die Theorie der Bildung. WBG 2006, S. 10.
[57] Sokrates. In: Platon: Des Sokrates Verteidigungsrede. Sämtliche Dialoge. Bd. I. Meiner Verlag 2004, S. 44.

*

Mit sich im Reinen: Wer aufrichtig lebt, der stirbt vermutlich auch beruhigter.

*

Gewohnheit als Hindernis: Das Haupthindernis einer grundlegenden Veränderung ist oft der Unmut die Hürde der Gewohnheit zu nehmen.

*

Größerer Rahmen: "Sieh` es zur kleinen Erleichterung mal überpersönlich: du bist nicht der einzige, dem Leid widerfährt", sagte das Leben.

*

Sich lächerlich machen: An dem Tag, an dem man nicht mindestens einmal über sich selbst gelacht hat, macht man sich vor lauter Ernst lächerlich – vor sich.

*

Für Perfektionisten: Mit etwas zu Frieden zu sein kann auch heißen die Möglichkeit zu Nutzen sich über das Erreichte zu freuen.

*

Ist es das wert: Dieser eingefleischte Zwang schöner und besser und der Beste zu sein, diese systeminterne Prostitution für einen Podestplatz mitten im Nichts.

*

Selbstdisziplin bildlich gesprochen: die Fähigkeit den inneren Schweinehund nach Belieben in Ketten zu legen.

*

Ein Weg zur mehr Selbstakzeptanz: Lebe rücksichtsvoll, was du für richtig hältst, um Reue zu vermeiden.

*

Einmaligkeit des Lebens: Daseins-Debüt und Letztwerk in einem.

*

Verdienst der Selbstgenügsamkeit: Der Verdienst der Selbstgenügsamkeit liegt darin niemandem mehr etwas beweisen zu müssen – außer vielleicht sich.

*

Echtheit: die Kunst nach der Selbsterkenntnis ungekünstelt zu sein.

*

Ungekünstelt sein: Die hohe Kunst des Alltagslebens.

*

Meins und Deins: Dass man Selbstgenügsamkeit erreicht hat, merkt man daran, dass man sich auch am Glück eines Fremden neidlos erfreuen kann.

*

Carl Schmitt existentiell gedacht: Souverän ist, wer im Ausnahmezustand die Ruhe bewahrt und die Nerven behält.[58]

*

Teilen: Das soziale (Arbeits-) Umfeld ist von tragender Bedeutung: wenn das Kollegium stimmt, dann kann selbst die Hölle ein schöner Ort sein.

*

"Es mit Humor nehmen": Distanznahme mit dem erleichternden Mitteln des Lachens.

*

Selektionsdruck: Viele beklagen Zeitmangel. Aber man sehe es einmal so: Wird die Zeit knapp muss man Prioritäten setzen - Zeitmangel zwingt zur Selektion.

*

Zwei bildliche (Über-) Lebenstechniken: Schwimmen lernen und sich treiben lassen.

---

[58] Vgl. dazu: Schmitt, Carl: Politische Theologie. 7. Aufl. Duncker & Humbolt Verlag, 1996, S. 11.

*

Bereichernde Beheimatung: "Siehst du wieviel Schönheit und Ruhe du birgst", sagte die Stille, "seit dem du lerntest auch deine Abgründe zu lieben?"

*

Gleichnis: Wenn man den kleinen Finger reicht und andere nehmen dreist die ganze Hand, dann ist der Mittelfinger als Kompromiss eine passende Option.

*

Sorgenlast: Unnötige Beschwerden beschweren.

*

Gerede: Lass die Leute schlecht reden und bemitleide sie, denn sie haben oft nichts Besseres zu tun.

*

Was zählt: Wir haben zehn Finger, um an einer Hand abzuzählen, was im Leben zählt und die anderen Fünf, zur Faust geformt, um dafür zu kämpfen.

*

Genießer ohne Genuss: Genussmenschen ohne Geist sind schweinsgleich.

*

Ziehen lassen: „Ihr kommt, ihr geht, ihr beherrscht mich nicht!", sagt der Selbstbeobachter zu seinen Gedanken und Gefühlen und kleidet sich in Gelassenheit.

*

Eine Frage des Know-how: Gegen den Strom schwimmen ist mit guter Technik weniger anstrengend.

*

Gewusst wie, gewusst wann: Zeit für Taten, Zeit für Ruh`.

Müßiggang: eine Simulation des Paradieses, eine heilige Auszeit vom Funktionieren.

Gelassenheit: Klar wahr, aber nicht alles ernst nehmen.

Zeit für Unsinn: „Mach mich mal locker!" – sprach die Schraube.

Erfüllt „nichts tun" kann nicht jeder: auch Müßiggang will gelernt sein.

Begrenzter Horizont: Die charmante Lebenskunst, die die Dummheit gratis liefert, besteht darin, dass man sein Leben leichter nimmt als es denkend sein könnte.

Ruheraum: Im Raum zwischen den Gedanken ist Ruhe.

Etwas Gewöhnliches anders sehen: die befreiende Wohltat des Perspektivwechsels.

Frieden finden: Sich mit etwas zu Frieden zu geben, ist keine schlechte Voraussetzung auch Frieden zu finden.

Klarheit: Im Zustand des Dilemmas tut Parteinahme not: man muss sich für eine Seite entscheiden, um der möglichen Reue ex post keinen Raum zu geben.

Warnung: Vertraue nie einem oberflächlichen Menschen ein Geheimnis an: da es nicht in die Tiefe absinken kann, schwimmt es immer spruchreif oben auf.

*

Paradoxe Herausforderung: Alles geben - ohne sich zu verausgaben.

*

Im Chaos erkannt: Ordnung senkt Suchkosten.

*

Zum Selbsttest: Durch selbstverabreichte Zeiten der Entsagung klärt man sich über seine Abhängigkeiten auf.

*

Bescheidenheit: die selbstgewählte Armut des Begehrens, die am Wenigen Reichtum und Freude findet.

*

Aufmunterung: Wer es nicht versucht, der hat schon versagt.

*

Diogenikesk: Wer mit fast nichts gut auskommt, dem ist alles darüber hinaus ein Geschenk und schönes Beiwerk zum guten Leben.

*

Probates Mittel: Wer hohe Erwartungen an sich und andere hat, der ist im Besitz des besten Mittels oft enttäuscht und tief unglücklich zu werden.

*

Methode: Über sich selbst lachen können, ist ein Kunstgriff, der uns Abstand und eine befreite Höhe zu uns selbst gewinnen lässt.

*

Detailpassion: Perfektionismus ist eine unendliche Liebe zum Detail, die zur krankhaften Leidenschaft werden kann, denn: ein wenig besser geht's immer!

Die Aufgabe: Es sich in sich ausreichend gemütlich zu machen ist *die Lebensaufgabe*, weil es kein Entkommen aus dem Innenraum des eigenen Schädels gibt.

*

Wünsche: Es ist zu wünschen, dass einige mehr von sich fordern, einige, dass sie so bleiben wie sie sind und anderen, dass sie lernen sich in Ruhe zu lassen.

*

Tiefschlaf ist naturgeschenkter Urlaub von sich: man darf kostenlos und für einige Stunden in die Ferne von sich reisen.

*

Notiz aus der Hölle: Im Paradies würde einem die ewige Zufriedenheit vermutlich irgendwann gewöhnlich erscheinen. Glück auf Dauer langweilt.

*

Wachstum: Um die eigenen Grenzen zu überschreiten muss man erst einmal wissen wo sie liegen. Erprobe dich und erfahre das Limit deines Möglichen.

*

Trainingslehre des Lebens: Um besser zu werden, muss man sich in den Arsch treten können und wissen, wann erholsame Pausen fällig sind.

*

Umarmung: Gelungen und glücklich ist ein Leben, wenn sich von Wille und Fähigkeit zusammengeführt, Wunsch und Wirklichkeit im Arm liegen und tanzen.

*

Ein Kunstgriff der Lebenskunst: Sich auch in Ruhe lassen können.

*

Unsicher sicher: Wer mit Unsicherheit gut klar kommt, der lebt mit Sicherheit nicht schlecht.

*

Beispiel: Wer sich an den Besten orientiert, der wird gut werden.

*

Urlaub heißt auch: man erlaube sich das Ungewöhnliche - gern auch jeden Tag.

*

Balance: Vernunft und Lust müssen keine Gegensätze sein. Beides in Maßen zur Geltung kommen zu lassen ist ein Werk der Lebenskunst.

*

Lebenswerk Ehe: Eine glückliche Beziehung gleicht einem offenen Kunstwerk, zu dessen Gelingen aber immer die Arbeit von Zweien gehört.

*

Beitrag der Kunst zur Lebenskunst: Die Freiräume, die die Kunst offeriert, bietet den eigenen Macken und Überschüssen die Möglichkeit des Auslebens.

*

Nicht zu viel noch zu wenig: Maßhalten können ist keine Mittelmäßigkeit, sondern wie beim Seiltanz die Kunst der Balance. Ohne sie fällt man leicht ins Extrem.

*

Lob schönen Leidens: Schön gelitten ist intensiv gelebt.

*

Meisterschaft: Wer arbeits- und erfolglos, hässlich, arm, einsam und krank und dennoch glücklich ist, der ist ein echter Lebenskünstler, ein Meister der Misere!

*

Von der Theorie zur Praxis: Vielleicht kann man den Grund und Sinn der Welt nie definitiv verstehen. Aber sich in ihr zurechtfinden sollte gelingen.

*

Ein Meister des Müßiggangs ist, wer die Zeit mit sich fernab des Funktionierens als voll und reich empfindet und auch mit gutem Gewissen lustvoll untätig sein kann.

*

Frage, wage und ertrage: Fragen befreit von fremder Führung. Wagen kappt die Fesseln der Furcht und Ertragen befreundet mit dem Unabänderlichen.

*

4.2 Glückskeksgedanken

*

Wege des Glücks: 1. Fatalität: Auf den Zufall hoffen. 2. Minimalität: Schmerzerzeugendes unterlassen. 3. Aktivität: Sein Glück bedacht gestalten.

*

Drei Glücksregeln: a. Definiere dein eigenes Glück b. Engagiere dich entsprechend dafür c. Wappne dich für den Fall des Misslingens.

*

Auf lange Sicht: Echtes, existentielles Glück ist kein Momentereignis, sondern die tiefe Zufriedenheit mit dem Gesamtpaket, das sich „mein Leben" nennt.

*

Glück: die poetischen Stellen in der Tragödie.

*

Von der Glücksjagd: die Meisten rennen dem Glück hinterher, einige fangen es für Zeiten ein, aber nur wenigsten werden von ihm verfolgt.

*

Wunsch für die Arbeit an sich: „Ich hoffe, du glückst dir!"

*

Glückmoment: Das kleine Glück etwas Zeit zu haben und am Bücherregal entlang zu gehen, mit der schönen Frage im Inneren, was man denn als nächstes liest.

*

Übers Innere: Das Einstellen des eigenen Glücks führt über die Arbeit an der eigenen Einstellung.

*

Vier Jahreszeiten der Lust: Begehren, Erfüllung, Vergehen und Leere.

*

Realistisch: Wen nur glücklich macht, was er nicht vermag oder nicht erreichen kann, der verharrt verzweifelt im Zustand des Unglücks: Glück setzt Können voraus.

*

Inhaltlich ausstopfen: Der Begriff des Glücks ist wie eine überfette Weihnachtsgans, deren Innenleben jeder mit dem füllt, was ihm schmeckt.

*

Denkaufgabe: Definiere „Glück" – für dich!

*

Relativität: Krisen sind für Systemkritiker Glückszustände.

*

Jeder ist seines Glückes Schmied – Oder ganz frei nach Nietzsche: „Wie man sein Leben mit dem Hammer zum Glück führt!"[59]

*

„Jeder ist seines Glückes Schmied" – Eine andere Antwort frei nach Adorno: „Es gibt kein richtiges Glück in dieser beschädigenden Schmiede."[60]

*

Leben: Eine Chance auf Glück mit Schmerzen.

*

Amphetamin: Freude schenken heißt das Lächeln forcieren und Leben zu fördern.

*

Erwählt: Vielleicht liegt das Glück des Glücksspielers darin, sich von der Wahrscheinlichkeit im Augenblick des Gewinns als Auserwählter zu fühlen.

*

Verschnaufpause: Im Schädel der Introvertierten herrscht fast immer Krieg. Glück ist dort eine Form des Waffenstillstands.

*

"Unter Wirklichkeit (Realität) und Vollkommenheit verstehe ich ein und dasselbe."[61] - Wer so urteilt, muss glücklich sein.

*

Können und Glück: Der Stolz auf eigenen Leistungen ist ein anderer Name für Glück, denn es liegt viel und tiefe Freude im Gelingen.

*

---

[59] Vgl. Nietzsche, Friedrich: Götzen-Dämmerung. Bd. 6. De Gruyter Verlag 1999.
[60] Vgl. Adorno, Theodor: Minima Moralia. Suhrkamp Verlag 2003, S. 43.
[61] Spinoza; Baruch de: Ethik. 7. Aufl. Kröner Verlag 1976, S. 50.

Man kann glücklich sein und Glück haben. Für dieses kann man etwas tun und für jenes nur die Bedingungen schaffen und Wünsche machen, um den Zufall zu locken.

*

Glück im Sollen: Pflichterfüllung kann auch eine Spielart des Glücks sein, wenn man sie als *Sieg über sich* selbst begreift.

*

Ungerecht: Glückliche Momente sind uns heilig, die schmerzlichen verpönt, dabei sind beide für unsere Entwicklung von tiefer Bedeutung.

*

Erhebende Konstanz: Glücklich kann sich schätzen, wer etwas gefunden hat, das erhebt und von Dauer ist.

*

Schmerzreduzierung: Glück ist schon, wenn der Schmerz nachlässt.

*

Machtglück: Auch wenn beendete Lust Leere hinterlässt, so wohnt doch Glück darin, um die Macht der Möglichkeit zu wissen, Lust nach Belieben wieder zu erleben.

*

Mit Nichts froh werden: ein Akt der Revolte in materialistischen Zeiten, eine Sabotage des "Zeitgeistes", der Glück mit Besitz gleichsetzt.

*

„Das Glück (...) ist das Ziel all dessen, was wir tun"[62] - Da aber die Glücksvorstellungen verschieden sind, kommen wir uns ins Gehege und fabrizieren Unglück.

*

Imagination: Glück ist abhängig von der Vorstellung, was uns glücklich macht: Glück ist immer gedachtes Glück – auch bei gekauften Dingen.

---

[62] Aristoteles: Nikomachische Ethik. Rowohlt Verlag 2006, S. 55.

*

Etwas zu schaffen, egal ob entlohnt oder nicht, dass eigensinnig und aus einem selbst entsprungen ist, erfüllt: aufrichtige Produktivität ist Glück.

*

Froh mit sich: Mit Selbstgenügsamkeit am Werk zu sein heißt weiter machen und seines Schaffens froh werden, auch wenn's keiner für gut heißt - außer sich.

*

Äußere Schönheit ist als Glücksquelle gut, aber vergänglich. Innere Anmut hat länger Bestand. Es machen einem nur Demenz und der Tod das Glück streitig.

*

Stete Lust ist als Glücksziel eine Überforderung: Was geht, ist ein zufriedenes Leben als Basisstation, dass seine Gipfelerlebnisse und hohen Augenblicke hat.

*

Ein Gruß auf offener Straße, ein schöner Gedanke, ein Wolkenbild im Blau und viele sonstige verlachte Kleinigkeiten schenken mir schon Glück.

*

Am Werk: Beizeiten ist es nicht das Produkt, das froh macht, sondern der Prozess dorthin.

*

Glücksschweine: In den Momenten der Lust grunzt es in uns.

*

Freude an der "Selbstwirksamkeit": Glück ist, wenn der eigene Wille geschieht.

*

Wesentliche Facette des Glücks: die Einkehr in sich als Heimkehr empfinden.

*

„Wir müssen uns Sisyphos als glücklichen Menschen vorstellen."[63] — Das „wir" und das „müssen" stören mich in diesem Satz.

*

So ist es: Glück ist eine närrische Erfindung. Die Menschen sind eigentlich nicht zum Glück, sondern zum Überlebenskampf geschaffen. Aber letztlich scheitern wir alle.

*

Dialektik der Differenz: Das Unglück kam mit der Idee des Glücks zur Welt.

*

4.3 Vom Lachen und seiner Unmöglichkeit
*

Lachen: ein Akt der Überlegenheit über Vergangenheit und Zukunft, der für Momente einen erhebenden Augenblick schenkt, der währt.

*

Heitere Mitte: Zwischen zu viel Ernst, der gern zur Verbitterung führt und sich selbst lächerlich zu finden, ist über sich lachen zu können, eine gesunde Mitte.

*

Nuancen: Spaß ist ein sinnliches Strohfeuer und schnell verbraucht; Freude hingegen ist eine Flamme, die lacht und im Gedächtnis länger wärmt.

*

Einfach, aber schwer: Lachend lebt sich's leichter.

---

[63] Camus, Albert: Der Mythos des Sisyphos. Rowohlt Verlag 1997, S. 128.

*

Münchhausen-Effekt des Humors: Humor ist der Schopf, an dem man sich selbst aus dem Sumpf zieht, um über dem Schlamassel zu schweben.

*

Gute Idee: Es ist wie es ist und nie ist es perfekt. Warum da nicht lachen: wir üben doch alle nur, wir Amateure des Lebens.

*

Entwicklungsaufgabe Lachen: "Weltfreude" als Lebensgefühl entwickeln - ein bisschen Flow und „Haha" in allen Lagen...

*

Gegensatz: Wer keine Schwere kennt, der weiß auch nichts von der erhebenden Weihe des Lachens.

*

Das Weinen: Der Tod eines Traums im Menschenantlitz, der der Welt eine Hoffnung wegnimmt.

*

Ein Lächeln: Die gelebte Lyrik des Gesichts, die der Welt einen Gesang hinzufügt.

*

Rückschluss: Die Rarität des Lachens lässt die Allgegenwart des Mangels vermuten.

*

4.4 Segnungen der Freundschaft

*

Aufbau: Freundschaft zeigt sich, wenn ein Ereignis dein Leben in die Luft jagt und jemand dich umarmt und dir beim Wiederaufbau aus den Trümmern hilft.

*

Liebe und Freundschaft: Endstationen der Einsamkeit.

*

Nähe: Liebe ist eine besonders intensive Art der Freundschaft, die um die Komponente der körperlichen Zärtlichkeit und Leidenschaften erweitert ist.

*

Entlastung: Was wäre ein Leben ohne Familie, Notizbuch und einer Handvoll echter Freunde? Die Hölle der Einsamkeit und eine ewige Nacht mit sich als Ballast.

*

Unter Freunden: Bejahte Vertrautheit ist Heimat.

*

Intimität: Ein gutes Buch finden ist so, als ob man mit dem Autor Freundschaft schließt und mit ihm zwischen den Zeilen in ein vertrauliches Gespräch kommt.

*

Freund, Feind, Fremder: Ein Freund befördert das eigene Glück, ein Feind gedenkt es zu verhindern. Beim Fremden ist man sich für beide Fälle *noch* nicht sicher.

*

Typen: Die schönsten, bereichernsten und interessantesten Menschen, die ich kenne, sind Freigeister.

*

Verstanden werden: Das tiefe Verständnis in der Freundschaft ist eine Erlösung für das Gefühl anders und nicht ganz allein zu sein.

*

„Zur Welt kommen" im Gespräch: Im Gespräch mit einem Freund darf das Eigene und Innerste zur Welt kommen. Man entbindet sich und findet Verbundenheit.

*

Gabe: Echte Freundschaft ist wie Liebe nicht nur selten, sondern ein Geschenk, da sie auf Freiwilligkeit fußt.

*

Freigiebigkeit: Freunde, die gegeneinander fordernd werden, damit man geben soll, sägen an ihrem Fundament.

*

Vertrauen: Ein Freund ist wie ein Keller, in den man sein Geheimnis abstellen darf und darauf vertrauen kann, dass es dort niemand findet.

*

4.5 Ein paar Worte zu Frauen

*

Ein weibliches Geheimnis gelüftet: Frauen wollen nicht nur geliebt, sondern auch begehrt werden.

*

Merksatz aus der Gesprächsführung: Wenn eine Frau zu maximal Drei-Wort-Sätzen zurückkehrt, dann herrscht dicke Luft.

*

Halt: In jeder starken Frau habe ich in intimen Momenten ein menschliches Wesen gefunden, das Geborgenheit und einer Schulter bedurfte.

*

Jede zweite Ehe wird geschieden: Frauen haben heute eher den Mut ihr Leben zu leben und/oder die Fähigkeit zur Tiefe und Dauer geht allgemein verloren.

*

Hübsche Hülle: Eine ansehnliche Frau ohne Geist ist hübsch, aber nicht schön – gleiches gilt für das andere Geschlecht.

*

Antrag: Wenn du sie anderen mit „meine Freundin" vorstellst, es sich aber nach „meine Frau" anfühlt, dann geh` Ringe kaufen.

*

Die Schönheit einer Frau schenkt, was dem Ohr im Glück der Musik widerfährt: Erfüllung.

*

Frei von...: Die sogenannte „Zickigkeit" der Frau ist ein Affekt der Orientierungslosigkeit in der kulturell noch unerprobten Freiheit der Frauenrolle.

*

„Allein schafft ihr´s nicht:" Die Frauenquote ist eine weitere Erniedrigung der Frauen.

*

One-night-Stand: Der Orgasmus ist wahrlich nur der kurze Höhepunkt im Akt *der Eroberung*, der als Prozess den eigentlichen Kitzel ausmacht.

*

Idealisierung: Frauen sind Häfen und Hüterinnen der Hoffnung.

*

Warum Frauen selten Männer ansprechen? Vier Gründe fand ich: Schüchternheit, aus Prinzip, aus einem Rollenverständnis oder ihnen ist danach erobert zu werden.

*

Mut ist es, wenn es zuhause Streit gibt und Mann gekonnt und im Ernst mit Goethes Faust kontert: „Mich dünkt, die Alte spricht im Fieber!"[64] – Reaktion garantiert...

*

Ehrfurcht: Eine Frau, die sich in sexueller Ekstase hingibt, ist eine Epiphanie der Lust.

*

Klarer Moment: Im Augenblick der Penetration ist die Luzidität des Willens, bei gleichzeitiger Abwesenheit des Verstandes, maximal.

*

Andere Wege: Wenn die Emanzipation zu Frauen *in* Männerrollen führt, dann ist es keine Befreiung, sondern eine Zementierung des Maskulinität der Welt.

*

Kampf für die Liebe und selbstlose Aufgabe: Eine Frau die liebt, ist die Kreuzung zwischen einer Kriegerin und einem Engel.

*

4.6 Kleine Gedanken über Kinder und Co.
*

Kinder: kreative Anarchisten im Kleinformat.

*

Verlust: Der Tag, an dem wir die neugierige Frische verloren, die wir als Kinder noch hatten, muss verregnet gewesen sein. Erinnerst du dich noch?

*

---

[64] Goethe, Johann Wolfgang: Faust. I + II Teil. DTV 2001, S. 77.

Dreierlei: Kinder sind Gründe zur Sorge, Gründe für Freude und für die Geduld eine Prüfung.

*

„Heile, heile Mausespeck, in hundert Jahren ist alles weg…" - Ein Kinderlied mit eingebauter Universaltröstung gegen Schmerzen.

*

Auf der Suche: Die Nasenlöcher sind die Goldgruben des Kindes.

*

Unter Aufsicht machen lassen: Ein Kind gewinnt Selbstvertrauen, wenn man ihm etwas zutraut.

*

Anspruch: Ein Kind ist ein süßes Chaos mit Bedürfnissen, das Liebe und Aufmerksamkeit fordert.

*

Neuer Fokus der Frau: Das erste Jahr nach der Geburt des Kindes ist Mann *als* Mann abgeschrieben und als Vater gefragt und die Frau mehr Mutter als „Geliebte".

*

Dumpfbacken: Menschen, die ein kleines Kind blöd angucken wie einen Bus, wenn´s „Hallo" sagt und schweigen, sind vermutlich auch sonst im Umgang sehr nett.

*

Überkompensation: Ein starker Verstand ist wohlmöglich ein Resilienzprodukt als eine Art Selbstschutz, da man sich als Kind auf sich selbst gestellt fühlte.

*

Ersterfahrung: Erster Urlaub mit Kind (19 Monate) – Oder: Eine Erholung der etwas anderen Art.

*

Erfahrung: Nur fünf Stunden allein mit Töchterchen (1,9) verbracht und ich bin fertig und verneige mich bis zur Grasnarbe vor allen Alleinerziehenden.

*

Liebe: Es ist eine Geste der Zuneigung und des Teilen-Wollens, wenn dein Kind dir bei Tisch sein Essen reicht - zerkaut und liebevoll eingespeichelt.

*

„Wenn ihr nicht werdet wie die Kinder…!"[65] Heißt das: kreativ, unvoreingenommen, chaotisch, neugierig, weltoffen, egoistisch, hilfsbedürftig und verspielt?

*

Groß: Kleinkinder heulen, wenn sie etwas nicht bekommen, was sie wollen. Viele Erwachsene lamentieren in ähnlichen Fällen; es ist großgewordenes Gequatsche.

*

Vorlage: Da Kinder viel durch Nachahmung lernen, ergibt sich daraus die Frage: „Welches Bild will ich zur Kopie vorleben?"

*

Rollenerweiterung: Wenn ein Kind hinzukommt, lernt man sich als Paar – in der Elternrolle – neu kennen.

*

Kinder-„Ich": Ich sag zur ihr „…für dich", sie sagt „Dich" über sich. Bald wird aus dem „dich" über sich, ein „ich" an und für sich und mich.

*

Wundersame Welt: Kinder sind philosophische Geschöpfe im Anfangsstadium: in ihnen liegt Wundern, Neugierde und die offene Frische eines heillosen Fragens.

*

---

[65] Mt. 18, 3.

Ein Kind ist kein Beziehungskitt: Ein Kind zu bekommen, um die Beziehung zu retten, ist unnütz. Ein Kind befeuert keine Liebe, die schon erloschen ist.

*

„So oft hingefallen und doch gehen gelernt": In Bezug auf Beharrlichkeit und Geduld der Zielerreichung können Kinder kleine Lehrmeister sein.

*

Leistungshort Krabbelgruppe: Besorgte Mütter, die das Können ihrer Kleinsten vergleichen, wecken schon in den Jüngsten den Hang zum Komparativ.

*

Kontrollierte Regression: Selbst Kinder zu haben, lässt einen noch einmal spielend ein halbes Kind werden.

*

Familienfundament: Liebe zwischen Frau und Mann ist, auch wenn sich die Prioritäten mit jedem Kind verschieben, für ein glückliches Zusammenleben die Basis.

*

Die dir entgegengestreckten Arme eines Kindes: die offenen Arme der Welt, die auf dich zeigen und dir sagen wollen, dass du gebraucht wirst.

*

Verlernt: Für die Augen des Kindes hat das Alltägliche noch sein Faszinierendes: es erblickt und erfreut sich noch am Zauber in allen Dingen. - Zumindest zumeist.

*

Tragezeit: Gern und freiwillig auf den Arm nehmen, lässt man sich nur als Kind.

*

Säulen der Erziehung: Liebe als Voraussetzung, klare Absichten, Konsequenz, Gespür für Eigensinn, Zutrauen, Anregungen und viel Geduld für Wiederholungen.

*

Schlechte Startbedingungen: Wie viele Kinder hätten ihr Geburt negiert, wenn sie im Vorfeld gewusst hätten in welcher sozialen Hölle sie aufwachsen müssen?

*

Szenen aus dem Kinderzimmer: Papa Ballaballa trommelt sich mit einem Xylophon in Ekstase und tanzt sein Krafttier. Tochter (1,9) blickt hochirritiert.

*

Reine Glücksfälle: Kinder, die gewollt waren und geliebt werden.

*

Glückliche Zufälle: Kinder, die nicht gewollt waren, aber dennoch geliebt werden.

*

Traurige Unfälle: Kinder, die nicht gewollt waren und auch nicht geliebt werden.

*

Seid gut zu euren Kindern, allein deswegen, da man ihnen stets ungefragt Leben schenkt: Liebe ist das Mindeste an Gerechtigkeit für das „In-die-Welt-setzen".

*

4.7 Kunst und die Freuden des Schaffens

*

Wehen: Schmerzen sind, was einem zu schaffen und einen oft schaffend macht: kreativer Schmerz bringt Werke zur Welt.

*

Gute Künstler sind wie Alchemisten: Sie mixen aus dem Erz des Alltäglichen deutbares Gold.

*

Geschmack: Bitter ist, wenn man meint Gold anzubieten und er große Haufen darin nur Blech sieht, weil er unterhaltsame Scheiße verlangt.

*

Abwarten: Kreativität und Ideen auf Abruf sind ebenso unmöglich wie den Zufall zu eigenen Gunsten zu zwingen. - Die Muse knutscht nur wen und wann sie will.

*

Im Zeichenstrudel: Sätze, die wie haushohe Wellen mit ihrer Wortgewalt über mir zusammenbrechen und mich in einen unkontrollierten Strudel von Gedanken reißen…

*

Design: die Erotisierung der Dinge.

*

Original: In der Kunst ist Selbstfindung oft die Frage der Entwicklung eines eigenen Stils.

*

Synthese: Kunst hat ihre Geburtsstätte dort, wo Idee und Handwerk sich vereinen und sich im Werk manifestieren.

*

Kunstwerke sind abhängig: Durch Erwerb, seine Deutungsfähigkeit und sein Urteil schafft der Rezipient am Werk mit.

*

Kunst und Erkenntnis verlangt Skrupellosigkeit: man muss die innere Zensur ausschalten können und sich erlauben, alles fühlen und denken zu *dürfen*.

*

Eins scheint gewiss: Es gäbe weniger Werke in der Welt, gäbe es die Melancholie nicht.

*

Evolution: ein Synonym für die Improvisationskunst der Natur, die durch den Geist von Zufall und Gelingen ihr Werk schafft, von dem wir ein Teil sind.

*

Wahres in anderem Gewand: Kunst eröffnet die Möglichkeit, Wahres durch die Blume in die Welt zu brüllen.

*

Klare Schreibregel: Allzu vertrackt formuliert ist verkackt formuliert.

*

Ein Antrieb zur Kunst: Die Empfindung der Schönheit weckt den Reiz ihr ein bisschen Ewigkeit in Gestalt eines kleinen Werkes zu schenken.

*

Logosexplikationen: Aphoristik, Lyrik, Philosophie, Literatur - sie sind verschieden und doch haben sie die Sprache als gemeinsamen Entstehungsgrund.

*

Selbst schreiben: Die Bücher, die man nicht auf dem Markt findet, schreibt man am besten selbst.

*

Methode und Mögliches: Streng ist die Wissenschaft, frei die Kunst.

*

Spiel der Deutungen: Gute Kunst bietet dem Betrachter Anschluss und für die weitere Ausdeutung eine Spielwiese.

*

Innerer Zensurzwang: Die Wildnis des Unbewussten zähmen zu wollen, gleicht der Verstümmelung der Kreativität.

*

„Es gibt kein großes Genie ohne einen Schuss Verrücktheit."[66] - Nur der Umkehrschluss hinkt: nicht jeder Halbbekloppte ist ein Genie!

*

Namensfindung: Einem Buch einen Titel zu geben ist fast schwerer als einen Namen für ein Kind zu finden.

*

Kleinigkeiten: Die Stilpeitsche treibt mich an, es treffend und konzise zu sagen und über diesen Handel an Kommata zu verzweifeln.

*

Offen: Dichter sind Schamanen des Worts, offen und frei für die Gaben der Sprache, um über die Seele der Dinge zu singen, die sich ihnen als Bild offerieren.

*

Wucherungen, Verknüpfungen, Sprünge und Spiel: Das Künstlergehirn, ein neuronales Netzwerk im Zustand der Durchlässigkeit und des unablässigen Brainstormings.

*

Gebunden und bedürftig: Künstler sind Sklaven des Lebens und einsamkeitsbedürftig, denn das Leben liefert Inspirationen und die Einsamkeit den Ort des Schaffens.

*

---

[66]Aristoteles: URL: http://www.aphorismen.de/zitat/12033 (Zugriff: 06.01.2015)

Ein je eigenes Gütekriterium für gute Musik, schöne Momente, ergreifende Aussagen: der schöne Schauer und eine Gänsehaut am Körper.

*

Anything goes: Das Glück der Kunst ist die Freiheit der Ausdrucksform. Nur sie bietet den Rahmen ohne Grenzen, der die kreative Fülle eines Freigeists fasst.

*

Wahrheitsliteratur: Philosophie ist abstrakte Sprachkunst mit Vernunft.

*

Dicke Sachbücher: entweder konnte oder wollte man sich nicht kurz fassen. In diesem ist Inkompetenz zur Konzisität, im jenem Fall Eitelkeit die Ursache.

*

Poetisches Vermögen: Die Fähigkeit selbst den dunkelsten Stunden mit den Mitteln der Sprache ein leuchtendes Stück Sinn und Schönheit abzugewinnen.

*

4.8 Der Reiz des Schönen

*

Halt machen: Schönheit zu sehen, ist ein kostenloser Parkplatz für die Augen, eine Einladung an unser ästhetisches Empfinden zur anhaltenden Anschauung.

*

Fratzen: Hass macht hässlich.

*

Anmut am Ende: Wenn man manch Abendröte betrachtet kann man ernsthaft in Erwägung ziehen, ob Sterben nicht auch Schönheit birgt.

Erfahrungswerte: Schönheit ist selten „interesseloses Wohlgefallen"[67], sondern eher der erste angenehme Anreiz des Begehrens, um es haben zu wollen.

*

Schöner Aufenthalt: Schönheit schenkt Hoffnung, dass es noch mehr von dieser Art Anmut geben könnte, die die Welt ästhetisch aufwertet.

*

Die Gefühle, die mit Schönheit am häufigsten auftreten: erbauliche Freude im Erleben der Anmut und eine subtile Traurigkeit am Ende der seelischen Erhebung.

*

Wunsch: Es gibt Schönes im Leben. Ich wünsche jedem den ästhetischen Sinn und die Feinheit der Sinne dieses erfahren zu dürfen.

*

Schlichte Schönheit: Die schönsten Menschen sind jene, die nicht um ihre Schönheit wissen, sie nicht für ihre Zwecke instrumentalisieren und arrogant werden.

*

4.9 Gedankensplitter im Spiegel

*

Der Weg des Aphorismus: Eine plötzliche Gabe oder das Destillat einer langen Überlegung.

*

---

[67] Vgl. dazu: Kant, Immanuel: Kritik der Urteilskraft. Weischedel, W. (Hrsg.). Suhrkamp Verlag 1974, S. 122-127.

Licht: Ein Gedankenblitz als Einsicht ist ein treffender Kurzschluss, der das Leben plötzlich, aber dann lang und nachhaltig aufhellt.

*

Markantes: Aphorismen sind die prägnanten Stellen im Buch, die man unterstreicht, ohne eigentlich den Rest des Buches zu benötigen.

*

Aphoristik ist die Sprintdisziplin des Geistes: man ist versucht ohne Luft zu holen das Maximum auf kürzester Strecke zu geben.

*

Reichtum: Aphoristik ist *die* Ausdrucksart um dem Facettenreichtum des Chaos Leben gerecht zu werden, - vorausgesetzt, man hat Geist mit Flügeln und Augen dafür.

*

Der Aphorismus ist ein Mikro-Essay: ein kleiner Versuch ohne den Anspruch auf Endgültigkeit; sie sind Denkproben, die zur Prüfung provozieren.

*

Aphoristik in Zeiten der verringerten Aufmerksamkeitsspannen: die perfekte Philosophieform für Personen mit Zeitnot und ADS.

*

Von Autor und Leser: Der Aphorismus ist aufrichtig - ihn wählt wer gerne schnell und *ohne Umwege,* oder in Bildern denkend, zum Punkt kommt.

*

„Gedankensplitter" sind *Splitter*, da sie, prägnant und spitz formuliert, unter die Haut und ins Gedächtnis dringen, wo sie nur schwer wieder zu entfernen sind.

*

Blitzlichter: Nicht die großen Philosophien oder Ideologien geben heute Orientierung, sondern man navigiert sich mit einem Set an Aphorismen durchs Leben.

4.10 Die Heilungen der Musik

*

Göttlich: Mit 220 Km/h über die Autobahn, Luft durchschneidend, Musik dabei, Gesang auf den Lippen, Gänsehaut am Körper und sich frei wie ein Gott fühlen.

*

Flügel: Was war zuerst, der Wunsch zu fliegen oder die Freiheit die Musik verleiht?

*

Technomusik: die klangliche Ästhetik der Baustelle, die Kunst eines verspielten Presslufthammers.

*

Zusammenfall: Musik berührt einen Punkt in uns, an dem sich Augenblick und Zeitlosigkeit treffen.

*

Konzert und Messe: Hundert Seelen kommen wegen Einem zusammen und verbinden sich durch die Kraft der Musik. Konzerte: eine ästhetische Kommunion im Klang.

*

Katharsis durch Musik: Ohne Musik hätten viele Affekte kein Ventil.

*

Augen zu: Musik bietet eine gute Übung dazu, um mit dem Gehör lieben zu lernen.

*

Seelensprache: Die Sprache der Musik erschließt sich nicht nur dem Fachverstand, sondern vor allem dem Geist der Empfindungen.

*

Gravur in Ton: Es ist viel Weite und Meer in der Musik, es sind Träume und Erinnerungen in die Töne eingeschrieben und Flügel für Gedanken bei Nacht.

*

Gutes Gefühl: Oft genug genügt einfach nur Musik dazu.

*

Genial menschlich: Musik, eine wortlose Sprache seelischer Leidenschaften, die eine göttliche Abkunft erahnen lässt und doch urmenschlich ist.

*

Musikalischer Ausflug: Musik ermöglicht einen inneren Flug auf dem Rücken von Tönen aus dem Alltäglichen ins Freie.

*

Tirol und drum herum: eine Kultur, in der Jodeln als Musik gilt – Höhentraining in Sachen Geschmackstoleranz.

*

Schwingung werden: Die Sehnsucht beim Hörgenuss mit jeder Zelle ein Stück mehr Musik zu werden.

*

Grundton angeben: Ein Lebensgefühl gibt dem eigenen Dasein als Grundstimmung das Gespür für Musik.

*

Zum Aufbruch: Musik an und Attacke - auf in den Tag!

*

Ozeanisch: Gute Musik schenkt dem Augenblick im Moment des Hörens ein tragendes Gefühl, das an die Geborgenheit der ersten Stunde erinnert.

*

Tagesresümee eines Musikliebhabers: Wenn abends selbst leise Musik zu laut ist, dann war der Tag nur Lärm.

Musik ist Malerei fürs Gehör.

*

Musik kann Gefühlshebamme, Gefühlsfreund oder -ventil sein: sie hilft den Gefühlen zur Welt, sie kann sie stützen oder sie ermöglicht, dass man sie auslebt.

*

Rock und Klassikmusik sind familienverwandt: Sie verleihen den tiefen, menschlichen Leidenschaften eine Gestalt aus Klang.

*

Musikalisches Pendant: Liebe auf den ersten Ton.

*

Resonanzkörper: Augen zu, Musik laut, alle Formen verlieren sich und man als Mensch, wird selbst ein Kunstwerk aus Tönen…

*

Hiphop: beatlastiger Sprechdrang mit Flow im Reimzwang.

*

4.11 Zeichen des Entzückens

*

Rausch: Eine Beurlaubung der strickten Selbstkontrolle.

*

Die Tresen in den Spelunken der Städte nachts um fünf: die Tränke, an denen sich die Verzweifelten und Verlorenen tummeln.

*

Verborgenes: Abstinente Menschen sind mir suspekt, denn der Widerstand gegen einen Rausch ist Widerstand gegen das eigene Unterbewusstsein.

*

Transzendenzersatz: Ich bin ein missglückter Buddhist, dem ein schöner Rausch die lose Vorstellung ans Nirwana simuliert.

*

Rauschlust: Lust auf Rausch, Lust in Wein zu baden und den Ertrinkenden zu spielen, der Flüssigkeit atmet...

*

Trinkspruch frei nach Hermann Hesse: "Jedem Neuanfang wohnt ein Zauber inne, der uns beschützt und uns hilft *einen zu heben*!"[68]

*

Eigene Substanzlehre: Jedes Mittel hat seine Wirkung. Jene die ich kenne aktivieren, enthemmen, bevor sie betäuben, verinnerlichen, beruhigen oder illuminieren.

*

Hierarchie und Dialektik: Feiern toppt funktionieren, aber ohne die Mechanik des Funktionierens wären die Freiheiten des Feierns halb so schön.

*

Trinkfestigkeit im Bild: Ein Durst wie ein Abgrund, in dem spielerisch zwei Ozeane Platz finden.

*

Und der Augenblick weitet sich...: Rausch ist ein Weg, um der Endlichkeit des Lebens ein Stück Zeitlosigkeit abzugewinnen.

*

---

[68] Vgl. dazu: Hesse, Hermann: Die schönsten Gedichte von Herrmann Hesse. Diogenes Verlag 1996, S. 84.

Dionysos begegnen: Rausch ist eine Art der Entselbstung durch den man den schöpferischen Urgründen etwas näher zu kommen meint.

*

Polytoxikomanie: Transzendenzforschung der riskanten Art.

*

Schlüssel zum Inneren: Rauschmittel sind nur Türöffner zu Räumen in jedem von uns. Was sich darin verbirgt ist aber nicht die Schuld des Schlüssels.

*

Test mit Tücken: Rauschmittel sind Experimente mit dem eigenen Verstand.

*

Feste feiern: die befreiende Vollbremsung im Hamsterrad.

*

Der Tag danach: Die Leere nach einem schönen Rausch ist die einkalkulierte Strafe für die Fülle des glorreichen Entzückens.

*

Rauschmittel als kleines Hilfsmittel: Rausch befördert die Kreativität der Schaffenden, aber nicht jeder Berauschte ist darum schon ein Künstler.

*

4.12 Aus dem Trainingstagebuch

*

Eintrag ins Trainingstagebuch: Auch wenn der innere Schweinehund bockt – oft kommt die Freude an der Bewegung *bei* der Bewegung.

*

Sport gemacht und meine Welt entspannt sich: die Biochemie als Zünglein an der Waage der Weltwahrnehmung.

*

Endorphine gibt es gratis: liebt, nascht Frühling oder treibt Sport.

*

Sport als Entspannungsmethode: Bewegung als Adrenalienabfuhrverfahren.

*

Sport unter dem Gesichtspunkt der Leistung: Das Feuer, in dem man sich selbst schmiedet.

*

Laufeinsicht: „Der Weg aufwärts und abwärts ist ein und derselbe."[69] — Je nach Tagesform, wollte Heraklit vermutlich noch ergänzen.

*

Getragen: Schwimmen ist quasi Bewegung in utero.

*

Honorar: Bei Wettkämpfen, die nicht finanziell prämiert werden, wird immer noch „symbolisches Kapital"[70] in Form von Anerkennung verteilt.

*

Privatheldentum: Die Alltagsheroik des Sports liegt in der erlebbaren Selbststeigerung und dem wiederholten Sieg über sich und seine Grenzen.

*

Erschöpfungsakte: Eine schweißtreibende Einheit Sport, ein vollendetes Werk, guter Sex — drei glänzende Arten schöner Erschöpfung.

*

---

[69] Heraklit. In: Nestle, Wilhelm: Die Vorsokratiker. Eugen Dietrichs Verlag 1956, S. 108.
[70] Bourdieu, Pierre: Sozialer Raum und „Klassen". Lecon sur la lecon. Zwei Vorlesungen. Suhrkamp Verlag 2000, S. 11.

Bewegung tut gut: Schweiß sind Freudentränen des Körpers, der vor Seligkeit weint, noch gebraucht zu werden.

*

Historische Transformation: Die vom gemeinen Volk bewunderten Askesen und Entbehrungen der Heiligen betreiben heute die Leistungssportler.

*

Endorphinjunkie: Ich war erkältet und konnte drei Tage keinen Sport treiben: ich fühle mich wie ein verdorbenes Stück Fleisch. - Ohne Sport werde ich depressiv!

*

Tipp: Wer mehr und schnelleres Herzklopfen in sein Leben bringen will, der treibe Sport.

*

Der Begriff „Sport" kommt von „se desporter" was „sich vergnügen" bedeutet, – aber wenn es um Leistung geht, hört der Spaß auf und die Gesundheit leidet.

*

Angenommene Reinigung: Im Sport kann die Angriffslust ausgelebt werden, er bietet den gesellschaftlich akzeptierten Rahmen für die Katharsis der Aggressionen.

*

Die sinnliche Anspannung und Konzentration im Wettkampf, das Adrenalin und das Streben nach Bestzeiten als Beute: Sport reanimiert den Instinkt des Jägers.

*

Sportlerglück: Das erhebende Gefühl, wenn die Spannkraft in jeder Zelle steigt.

*

<u>Drittes Intermezzo: Flotte Vierzeiler</u>

*

Schönheit: Der Mond, der droben seit Ewigkeiten steht, blickt zur Erde, schön und stumm, - nur: wer unten geht, schaut noch hoch und schert sich drum?

*

Vertrauen: Tränen wie Regen der reinigt, Blicke wie ein Ozean der trägt, Umarmung wie Tag und Nacht vereinigt, Worte wie Fels, der Zweifel zerschlägt.

*

Durchschritten: Die dunklen Täler, die wir durchliefen, schenkten unseren Leben die Tiefen, ohne die wir, wie die Vielen - noch gut schliefen.

*

Rettung: Winter ist es, der Schnee fällt, er fällt leise und harsch. Wärst du nicht – nicht Teil meiner Welt, ich schwöre, ich wäre am Arsch.

*

Verdopplung: Mensch, du Glückskeksfresser, gejammert wird doch immer. Doch Jammern macht nichts besser: Ein Unglück wird durch Jammern nur schlimmer.

*

Ambivalenz: Die Zeit, die Mensch und Ding anzieht und entkleidet; die Zeit, die Macht, die der Mensch liebt - und die er erleidet.

*

Gelassenheit: Geht die Sorge um, macht der Ernst die Runde? Plagen dich der Tag und das Warum? – Lass los, pfeif darauf, lache und gesunde.

*

Sauber: Treue zu sich, empfunden als Pflicht, denn wer immer den Erwartungen der anderen entspricht, der verliert letztlich vor sich - sein Gesicht.

*

Heimat: Die stillsten Stunden sind schön und rar, im höchsten Glück wahr und klar, wenn der Lärm der Welt verklingt und die Stille uns heim zu uns bringt.

*

Wachse: Ich höre der Blätter Echo hallen, die wie Regen in die Stille fallen, bunt bedecken sie die Erde. Es spricht: vertraue, lass los und werde!

*

Qual: Einige Stunden schweigend zu sitzen fällt den meisten marternd schwer, denn die eigne Wahrheit hinter Witzen, tritt dann ans Licht - aus Tiefen her.

*

Lebensmelodie: Das Meer, im Kommen und Gehen, im Auf und Ab, im Leicht, mal Schwer, spielt die Lebensmelodie der steten Wiederkehr.

*

Bitte: Denk` mit, denk` weiter, denk` um, denke auf deinen Wegen dagegen, nimm Mensch und Leben heiter, aber: denk`. Denn Denken heißt sich und etwas bewegen.

*

5. Die Zwänge und Zärtlichkeiten der Zeit

*

Aus Gründen des Zeitüberschusses: Langeweile ist Luxus.

*

Die Zeit gewinnt in jedem Fall: Jegliches Ende kommt auch ohne Zutun. Das Ende ist endgültig - es gilt immer.

*

Verknappung: Wenn die Zeit knapp wird, wird jede Stunde teuer.

*

Entzug: Versuche den Augenblick zu fassen. Aber in dem Augenblick des Zugriffs ist das Jetzt schon vergangen. Die Gegenwart ist da und immer abwesend.

*

Höhere Macht: Die unbeugsamste Autorität ist die Zeit.

*

Festhalten und etwas hinterlassen: Schreiben, Fotografie, Malerei — kleine Ausdrucksakte und meine *Art der Rebellion* gegen die Vergänglichkeit.

*

Zukunft: ein bedingter Möglichkeitsraum, ein Labyrinth von Türen, die wir unaufhörlich öffnen, ohne zu wissen, was uns dahinter erwartet.

*

Trägheiten: Die Zeit fühlt sich schlaff an, wenn kein Ziel und/oder die Erkenntnis ihrer Zusammenhänge sie auf Spannung hält.

*

Trivia: Um alt zu werden, muss man nicht mehr als am Leben bleiben.

*

Kontingenz: „Hinterher ist man immer klüger!" – Schade, dass diese „Klugheit" nicht vor Fehlern schützt, da die Zukunft mehr bereit hält als wir wissen können.

*

Wahrheit, Werke, Hinterlassenschaften: Jene, die von ihrer begrenzten Dauer *wirklich* wissen, in denen der Tod psychoaktiv wird, - lieben oft das Überzeitliche.

*

Verknüpfung: Der morgendliche Blick in den Spiegel weckt in mir die Assoziation an einen Werktitel Ciorans - „Die Lehre vom Verfall."[71]

*

Eines: Ganz gleich ihrer individuellen Inhalte, eines haben alle schönen Stunden gemeinsam: sie sind immer zu schnell vorbei.

*

Parallelwelten: Auch wenn es für unsere Uhren nur einige Minuten sind, so mag für einen Baum die Geburt einer Knospe am Morgen eine Ewigkeit sein.

*

Zweierlei: Das Ephemere und dies bisschen Ewigkeit, die uns bleibt.

*

Kleine Weisheit aus dem Malerkasten: Wenn man die Zeit verstreichen lässt, verliert man die Möglichkeit ihr selbst Farben zu geben.

*

Fluss: Gestern und Morgen, nur ein anderes Heute, eine Variante des Jetzt umgeben von Erinnerung und Erwarten.

*

Erinnerungen: *gefühlte* Bilder, in denen der Puls des Lebens pocht.

*

---

[71] Vgl. dazu: Cioran, Emil: Werke. Suhrkamp Verlag 2008.

Gegen-warten: Vielleicht heißt wirklich in der Gegenwart zu sein gegen das Warten und Erwarten und für die Gegebenheit zu sein.

*

Da alles vergeht, sind wir Nomaden in der Zeit ohne Bleibe. So denn: atme, sei präsent, wachsam und genieße.

*

Jeder Augenblick ist ein Ereignis: Strenggenommen ist alles eigentlich immer nur einmal.

*

Sehnsucht und Zeitgefühl: Sehnsucht heißt, für ein schnelleres Eintreffen an der Zeit ziehen zu wollen, die zäh ist, aber süß schmeckt.

*

Bissfest: Gib ihm Berge von Zucker, aber es nützt nichts. Der Zahn der Zeit, der an uns und allen Dingen nagt, bekommt keinen Karies.

*

Abgrund: Der Riss des Bedauerns, abgrundähnlich, verläuft zwischen der begrenzten Zeit und all dem, was möglich wäre, aber nicht wirklich werden kann.

*

5.1 Vier Jahreszeiten

*

Frühling: Die Elemente toben, es tanzen neue Freuden ins Spiel und in den Straßen und auf freien Plätzen verschafft sich Leben Farbe und einen heiteren Blick...

*

Sommer: Barfuß Autofahren, Transpiration vom Müßiggang, mehr nackte Haut und eine Laune, die selbst des Nachts in Höhe und Licht badet.

*

Schreiber-Bekenntnis: Im Sommer fühlt es sich reicher an und ich schwitze eher das Schwarz aus, als in diesem grellen Ton zu schreiben.

*

Gebärdensprache: Obwohl so verschwiegen, spricht der Herbst von allen Jahreszeiten, am deutlichsten die Sprache des Vergehens.

*

Auch wenn alles passend ist: Der Herbst bringt den Geist der Dunkels ins Spiel und tunkt jedes Lächeln in die besinnliche Stimmung des Regens.

*

Die Kälte im Winter kann erweckend sein: wenn man genau hinhorcht, hört man *sein eigenes* Skelett klappern.

*

Tag und Nacht, Frühling, Sommer, Herbst und Winter: Im Rahmen einer wiederkehrenden Rhythmik vollzieht sich der konkrete Wandel der Welt.

*

Jahreszeiten unpoetisch: Frühling: die Natur packt aus. Sommer: die Natur prahlt mit Fülle. Herbst: die Natur packt ein. Winter: die Natur protzt mit Leere.

5.2 Gedankengänge zur Vergangenheit

*

Rekonstruieren: „Wo habe ich die Blätter noch einmal hingelegt?" - Oder: Wie Chaos das Gedächtnis trainiert, weil man die Vergangenheit *wiederholen* muss.

*

An der Leine geführt: Die Gegenwart geht immer am Gängelband der Vergangenheit in die Zukunft.

*

Unwillkommene Erinnerung: Wer hat eigentlich der Vergangenheit diese brutale Ausdauer geschenkt, die sie in die Lage versetzt uns nach Belieben einzuholen?

*

Rückblick: Im Alter bleibt nur der Blick auf den Moment und die Vergangenheit gerichtet. D.h. wer schon früh nur in der Vergangenheit lebt, der ist jung schon alt.

*

Es war wie es war: Die Ungerechtigkeit gegen die eigene Vergangenheit besteht oft darin, dass man sie mit den Maßstäben der Gegenwart beurteilt.

*

Gestaltung des Gestern: Ich pflege meine Erinnerungen und mache mir eine schöne Vergangenheit.

*

Angelpunkt: Der erhellende Rückblick kann zur einsichtigen Bruchstelle im Augenblick werden, der aus Distanz heraus, den Ausblick auf anderes frei gibt.

*

Kulturmacht: Das kulturelle Gedächtnis wird durch institutionalisierte Wiederholung tradiert, aber durch jene, die die *Speichermacht* haben, *geformt*.

*

Erbe: Vergangenes ist tot und doch hält das Gedächtnis es am Leben. Wir beherbergen Zombies im Innern: wir leben auch durch die Macht des Untoten in uns.

*

5.3 Kurzgeschichtliches ohne Geschichten
*

Das Heute: ein Augenblick am Kopfende von Jahrmillionen.

*

Nutzen: Die Geschichte des Denkens gewinnt dadurch Aktualität, in dem man rückfragt, was das damalige Denken im heutigen Kontext für uns bedeuten kann.

*

Einheit: Es gab noch nie nur eine Weltsicht. Aber die Vereinheitlichungsversuche in der Geschichte gingen oft mit Zwang einher: das Eine bevorzugt Gewalt.

*

Beleg: Man muss die Geschichte nicht bis in Detail kennen, um die menschliche Vernunftbegabung für ein Gerücht zu halten. Der Alltag genügt als Beleg dafür.

*

Retroperspektive: Es gibt viele Optionen der Rückschau. Keine Geschichte, im Großen wie Kleinen, ist nur Schwarz. Die Frage ist: wie man was in den Blick nimmt!

*

Blumenberg 2.0: „Die Baustelle – Arbeit ohne Ende" als *Daseinsmetapher*[72] ab der Neuzeit, denn aufgrund des Fortschrittsgedankens gibt es für alle stets etwas zu tun.

*

Symptom historischer Abgeklärtheit: „Wir haben gelernt, zu warten ohne zu hoffen."[73]

*

Syn- und diachrones Erkunden: Die Horizonterweiterung, die das geografische Reisen offeriert ist analog zur Reise zurück in die Geschichte.

*

Epos der Wolken: Die Wolken erzählen die Geschichte von fließender Formung und stilvoller Verendung der Form ad infinitum.

*

Ergänzung, weil in der Geschichte für die Wahrheit Blut floss: „Wahrheitsspiele"[74] (Foucault) ohne Quatsch.

*

Nebenbei: Um den Niedergang des Abendlandes zu betrauern, muss man es kennen. Geschichtsvergessenheit hat auch Vorteile.

*

Die menschliche Geschichte hat keinen Sinn. Es gibt nur die serielle Abfolge der Generationen. Ihr *einen* Sinn für *alle* geben zu wollen, endet im Terror.

*

Zusammenhang: Die schönsten Geschenke, sind oft jene, zu denen es eine Geschichte gibt, die implizit zeigt: es machte sich jemand Gedanken um den Anderen.

---

[72] Blumenberg, Hans: Schiffbruch mit Zuschauer: Paradigma einer Daseinsmetapher. Suhrkamp Verlag 1997.
[73] Löwith, Karl: Weltgeschichte und Heilsgeschehen. In: Sämtliche Schriften Bd. II. Metzler Verlag 1983, S. 13.
[74] Foucault, Michel. Dits et Ecrits. Werk in vier Bänden. Band. IV. Suhrkamp Verlag 2005, S. 623f.

*

Veränderlich: Die Beschäftigung mit der Geschichte ist subversiv, denn sie relativiert die Gegenwartswirklichkeit, da man sieht was alles schon möglich war.

*

Traurig und wahr: „Intellektuelle übertreiben (…) den Einfluß von Ideen (…). Ideen sind meist kraftlos, wenn sie sich gegen mächtige Interessen stellen."[75]

*

Gästebucheintrag im Alltagsmuseums: „Wer den Geschmack von vor hundert Jahren belächelt, der vergisst: bald wird auch unser Lebensstil hier ausgestellt sein!"

*

Altes neu: Dass die Beschäftigung mit Geschichte Neues bringen kann, belegt „die Renaissance".

*

---

[75] Becker, Gary S. / Becker, Guity Nashat: Ökonomik des Alltags. Von Baseball über Gleichstellung zur Zuwanderung. Was unser Leben wirklich bestimmt. UTB Verlag Tübingen 1998, S. 9.

5.4 Von Zielen und der Zukunft

*

Zweideutigkeit: Ziele geben die Richtung vor und zugleich verweisen sie auf das, was noch unerreicht ist. Ein Ziel ist Anzeichen von Sinn und Mangel zugleich.

*

Der Wille: Wille, eine Vokabel, die für die gelebte Intensität steht, mit der man einem gesetzten Ziel nachgeht.

*

Voran: Ziele sind wie Zugpferde, die man sich vor den Karren spannt, um sinnvoll Richtung Zukunft zu kommen.

*

Geburtsstunde der Leidenschaft: Etwas Bedeutendes als Ziel im Blick, Widerstände auf dem Weg, aber den unbedingten Drang es zu erreichen.

*

Geile Zeit: Die Zukunft gewinnt ihre Erotik durch die Attraktivität *eines eigenen* Ziels.

*

„Sorge dich nicht, lebe!"[76] – und Heidegger lachte!

*

Zielversessen momentvergessen: Gib Acht, dass dein "Ziel vor Augen" sich nicht zum "Brett vorm Kopf" verwandelt, das für den Reichtum des Moments blind macht.

*

Dantesk: Ein Ziel heiligt die Hölle, durch die man manchmal gehen muss, um am Ende himmlischer zu lachen.

*

---

[76] Vgl dazu: Carnegie, Dale: Sorge dich nicht, lebe! Scherz Verlag 2002.

„Der Weg ist das Ziel." - Vielleicht nur die Weisheit eines auf dem Weg Verirrten, der aus der Not eine Tugend machte!

*

Motivation: Mit einem *echten* und *eigenen* Ziel schrumpft der innere Schweinehund auf die handhabbare Größe eines Chiwawas.

*

Die Anderen gestalten: Wer keine Vision der Zukunft hat, der steigt praktisch aus und überlässt den Kampfplatz der Zukunft dem Spiel der Kräfte.

*

Das Gute sehen: Wer übers „Ziel hinaus schießt", der kommt weiter als gewünscht.

*

Zwielicht des Ziels: Ein Ziel, das unerreicht bleibt verursacht Enttäuschung oder als Erreichtes bedingt es eine temporäre Leere - bevor die Suche neu beginnt.

5.6 Dichotomien der Tageszeit

*

Tage des Wettbewerbs, Nächte der Wahrhaftigkeit

Tage des Wassers, Nächte des Weins

Tage der Zahl, Nächte des Worts

Tage der Fokussierung, Nächte der Freigeistigkeit

Tage für Andere, Nächte für mich

Tage des Anderen, Nächte des Ichs

Tage des Funktionierens, Nächte der Gedanklichkeit

Tage des Profits, Nächte der Poesie

Tage der Gier, Nächte des Genügens

Tage des Kampfes, Nächte der Kunst

Tage der Leistung, Nächte der Liebe

Tage der Musterung, Nächte der Muse

Tage der Pflicht, Nächte der Freiheit

Tage des Grotesken, Nächte des Glücks

Tage der Hast, Nächte des Tanzes

Tage der Aufgabe, Nächte der Eingebung

*

5.6.1 Nachtgedanken

*

Die Nacht: der Gegenpol zur Polypragmosyne des Tages und ein Synonym für Ruhe, Freiraum und Selbstsein.

*

„Nachtaktivität: Dauerdenken" – Slogan aus dem Club der Eulen.

*

Schlaf: Ein Bad in Bilder und skurrilen Vorstellungen und eine kleine Übung für das große Ende.

*

Nachgeben: Der Müdigkeit Recht geben heißt zu Bett gehen.

*

Relation: Wer von sich und seinen Problemen Großes denkt, der wage ein Nachtbad im Sternenmeer. Das Licht des Unendlichen tunkt beides ins Nichtige.

*

Sprengung: Es gibt Nächte, so rauschhaft, leidenschaftlich und laut, die das Potential von Dynamit haben, um ein geordnetes Leben in die Luft zu jagen.

*

Gabe: Der Charme der Nacht liegt in der Freiheit, die wie Heimkehr schmeckt und der Stille, die dem ursprünglichen Schweigen der Welt die Schönheit zurückschenkt.

*

Im Arm des Nichts: Im traumlosen Schlaf kommt man dem Nichts am nächsten: denn da ist für einen selbst kein Selbst, keine Seele, kein Bewusstsein und kein Sein.

*

*

Unverfügbarkeit des Leibes: die allmorgendliche Unverlässlichkeit der Tagesform.

*

Quälereien: Als Gott den Morgen erschuf, erprobte er vermutlich Mittel zur Schikane des Menschen.

*

Erfahrungswert: „Morgenstund` hat Gold im Mund." – Diesen Spruch hat niemand geprägt, der am Vorabend einen Saufen war.

*

Tacheles: „Morgenstund´ hat Gold im Mund." – Die Wahrheit ist: „Morgenstund hat Geruch im Mund"

*

Morgenmuffeligkeit: Die miese Laune der Schlafliebhaber.

*

Agonie des Erwachens: Die soziale Gefahrenstimmung bis zum ersten Kaffee.

*

Morgenromanze: Wecker knutscht Wand.

*

Früh aufstehen: Legale Form der Körperverletzung, die allmorgendlich meine Alltagstauglichkeit und mein Lustprinzip auf die Probe stellt.

*

Unausgeschlafener Morgen: Die hohe Stunde der Misanthropie - man mag sich nicht und die anderen auch nicht viel mehr.

*

Kleiner Widerstand: Morgens einfach mal liegen bleiben und zu Adornos Stolz werden.

*

Dreischritt: Spät ins Bett, schlecht geschlafen, Ungenießbarkeit gefördert.

*

Angepasst: Wer morgens schon gute Laune hat, ist mir suspekt.

*

Kafkaesker Morgen: „Jemand musste mir den Wecker gestellt haben, denn ohne dass ich es getan hatte, wurde ich an diesem Morgen von ihm geweckt…"[77]

*

Postmoderne Pest: Wenn man des Morgens in die Gesichter der Menschen schaut, befällt einen das Gefühl, dass das Absurde die Pest des 21. Jahrhunderts ist.

*

Doppelerwachen: Existentielle „Grenzsituationen"[78] kennzeichnen, dass man *auf sich* zurückgeworfen wird. Diesen Abgrund erlebe ich jeden Morgen wenn ich aufwache.

*

Schlecht reden: Müdigkeit am Morgen ist wie ein Nörgler, der geneigt ist einem den ganzen Tag madig zu reden.

*

Die Plage der Tage ertrage, nach dem Guten der Tage aber jage.

*

---

[77] Vgl. dazu: Kafka, Franz: Der Prozeß. Fischer Verlag 1992, S. 7.
[78] Jaspers, Karl: Philosophie. Existenzerhellung II. Dritte Auflage. Springer Verlag 1956, S. 204.

5.6.2.1 Gekonntes Erwachen in sieben Akten

*

Erster Akt der Zurückhaltung am Morgen: dem Wecker nichts antun.

*

Erster Akt der Prokrastination am Morgen: die Snooze-Funktion betätigen.

*

Erste Mutprobe am Morgen: Der Blick in den Spiegel.

*

Erster Zweifel am Morgen: Blick in den Spiegel und die Frage stellen: „Bin ich es noch?"

*

Erster Akt der Gutmütigkeit am Morgen: sich einen Kaffee kochen.

*

Zweiter Akt der Gutmütigkeit am Morgen: Soziale Kontakte die erste halbe Stunde vermeiden.

*

Erstes Indiz für Wachheit am Morgen: Gleichbleibendes Schmerzniveau mit dem Drang zu singen.

*

5.7 Auf dem Rücken von Routinen

*

Geschäftigkeit: Wenn ausgefüllte Tage doch immer auch erfüllte Tage wären, dann wäre aller Trubel der Tage auch herzlich willkommen.

*

Schritte eines routinierten Ablaufs: So weit, so gut, so unerstaunt!

*

Charakteristik: Gute Tage kennzeichnet der Wunsch zur Wiederholung. Schlechte Tage will man gerne vergessen. Irgendwo dazwischen spielt sich der Alltag ab.

*

Tägliche Fülle: Jeder Tag hat seinen Leidseufzer und sein Lächeln, seine Einsicht und seine Träumerei, seine Erregung und seine routinierten Üblichkeiten.

*

Offen: Urlaub ist der Tod der Routine, das Sammeln neuer Eindrücke und ein Abgesang auf die Pflichten, von denen der nächste Morgen frei ist.

*

Besonders gewöhnlich: Das Alltägliche ist das Besondere im Gewand des Gewöhnlichen.

*

Umdenken: An den Bruchstellen des Gewohnten tun sich Entwicklungs-räume auf, in die Nachdenklichkeit einsickert.

*

Roboter: Gewohnheit lässt die Menschen mechanisch wirken.

*

Augen auf: Alltag ist kein Zustand, sondern eine Routine des Urteils, eines Urteil aus der Illusion der identischen Wiederholung. Die gibt es aber nicht.

5.8 Fünfzehn Facetten der Vergänglichkeit

*

Von den Gestirnen, über die Erdplatte, die Gesellschaften bis hin zu uns und unseren Gedanken: Im Großen wie im Kleinen. – Etwas ist, aber *nichts hat Bestand.*

*

Wenn die Vergänglichkeit alles umfasst, dann ist nichts festgelegt, bestandslos, fließend und leer. Vergänglichkeit lässt Sein und Nichtsein *eins sein.*

*

Die Vergänglichkeit verleiht der Zukunft ex ante den Status der Erfahrung: Irgendwann wird alles *gewesen sein.*

*

Vergänglichkeit ist kein Gedanke, sondern *ein reales Phänomen und ein Erlebnis*, das sich jede Sekunde bis zum letzten Augenblick stetig verfestigt und bestätigt.

*

Die Erfahrung der Vergänglichkeit reißt los und prüft jene am härtesten, die an sich und den Dingen in der Welt *kleben.*

*

Der plötzliche Verlust des Bedeutsamen: ein *Crashkurs* in Sachen Vergänglichkeit.

*

Vergänglichkeit wird zur *Medizin des Trostes*, wenn man auch um das Vergehen der Dinge in Stunden der Schwere weiß.

*

Die Vergänglichkeit der Dinge unterwandert den Sinn des Ganzen, aber sie fordert auch auf, das Bedeutende *für sich* zu finden.

*

Vergänglichkeit kann auch belehren, die Zeit *wertzuschätzen,* da sie erst durch die Begrenztheit der Zeit die Bedeutung der Zeit als Kontrast hervorhebt.

*

Die Vergänglichkeit weitet den Blick *über das Alltägliche hinaus,* auf Erkenntnisse, das Wesentliche und Strukturen von relativer Dauer.

*

Die Vergänglichkeit der Dinge hat *existentiellen Offenbarungscharakter,* denn sie eröffnet die Frage nach Wert und Sinn des Lebens und des Seins überhaupt.

*

Die Vergänglichkeit der Dinge macht *den Augenblick* unbezahlbar und bedeutsam und verleiht ihm Würde.

*

Die Vergänglichkeit der Dinge ist *eine Mahnung* unserer zeitlichen Verfasstheit, keine Zeit zu verschwenden.

*

Die Vergänglichkeit positiv gewendet: Wenn nichts Bestand hat, dann ist Veränderung garantiert und es wird auch *nicht langweilig.*

*

Wenn Vergänglichkeit ein Fakt ist, dann ist der Versuch *etwas festzuhalten eine Farce.* Lass fließen und sammle Erfahrungen.

*

*

Kreislauf zur Stimmungsaufhellung: Regen, Schnee, Hagel – mit ein wenig Phantasie lassen sich darin auch Spielarten der Weite des Meeres sehen.

*

Materie ist ein Meer aus Atomen, Quarks und Co. – süß wie sich alles um und in mir dreht, springt und tanzt. Es ist ewiger Frühling in allen Dingen.

*

Introspektion: Blickte ein Regentropfen ins sich, so sähe er das Meer.

*

Sehnsucht: Befallen von der Sehnsucht nach Meer, den Blick ins Weite und Wind im Rücken, der mich lachend durch den Sand in die Arme des Sommers trägt.

*

Perlen: Es gibt unzählige Muscheln in der Unendlichkeit der Meere, doch nur wenige tragen in sich, aus einem Sandkorn die Anmut einer Perle aus.

*

Offenbarung: Ich stand am Meer und unter Sternenbildern warf ich einen Blick ins Blaue, als in mir und um mich, mit belustigter Tiefe die Unendlichkeit lachte.

*

Das Meer in uns: Bewusstsein ist nur eine funktionale Oberfläche – in den Tiefen darunter werkelt und rumort eine schöpferische Unendlichkeit in uns.

*

Illusion: Ist nicht jeder ein im Meer der Zeichen abgesoffenes Atoll, das den Traum eines Ichs als Insel hegt, auf der man eigen über Wasser zu atmen meint?

Fließende Übergänge: Der Sinn der Worte schlägt wie eine Welle in die nächste Bedeutung um und es ist kein Ufer in dieser endlosen Bewegung in Sicht.

*

Wir sind wie die Glasscherben am Meeresufer: die Brandung spielt – wie das Leben – unablässig weiter, während seine Bewegung uns zerreibt.

*

Am Meer: Der Mensch fühlt sich in mitten seiner geschaffenen Welt zu große, um seine Nichtigkeit zu fühlen, aber das Meer erinnert ihn daran.

*

Befreiung: Um seine kosmische Nichtigkeit zu wissen, kann aber auch befreiend sein, denn es erleichtert um das Gewicht des unbedingten Gelingens.

*

Angemessene Rede: Am Meer spricht nicht die Vernunft die passende Sprache, sondern die Poesie.

*

Heimkehr: Eine Stunde am Meer, eingetaucht in den Gang der Gezeiten, und es ist als nähme mich die Unendlichkeit in den Arm.

*

Prähistorisch: Immer wenn mir bewusst wird, dass die Brandung ihr Lied spielt, seit dem es Land gibt, überkommt mich der Schauder der Zeit.

*

6. Von Gott und dem Tier: der Mensch

*

Fragliche Zweiheit: Dieses sich selbstdenkende Etwas, das sich „Mensch" nennt: ein Zwitter aus einem gebrechlichen Gott und einer rasenden Wildsau.

*

Abgeklärt: „Der schönste Affe ist häßlich verglichen mit der Gattung Mensch."[79] – Heute sind wir klüger und der hässlichste Affe die Krönung - verglichen mit uns.

*

Übertier: Der Mensch ist Tier und doch steht er durch das Bewusstsein seiner selbst über dem Tier: Der Mensch ist das andere Tier, - das *Übertier*!

*

Der Mensch ist eine Evolutionsironie: ein wundersames Ding in der Reihe der Arten, das ungleich dem Tier, um seine kosmische Zufälligkeit weiß.

*

Evolutionsironie Mensch II: Das vielleicht klügste Tier auf Erden ist der Mensch, dessen Intelligenz sich aber gegen es wendet und zur Dummheit mutiert.

*

Die Anthropologen sagen, der Mensch „ist weltoffen"[80] - so denn: dies lässt auf Menschen hoffen. Wir haben nicht nur Möglichkeiten, - wir *sind* eine!

*

Dies oder das: Misanthropie ist oft projizierter Selbsthass oder das Resultat von Enttäuschung über verschwendete Möglichkeiten, die man im Menschen sah.

*

---

[79] Heraklit. In: Nestle, Wilhelm: Die Vorsokratiker. Eugen Dietrichs Verlag 1956, S. 111.
[80] Gehlen, Arnold: Anthropologische Forschung. Rowohlt Verlag 1961, S. 15.

Aspekte des Daseins: Als Dasein sind wir Seinsmitte, Seinsvermittler und Seinsmittel.

*

Zeitzustand: Existieren heißt in der Zange von Zeitgeist und *der* Zeit zu sein.

*

Problemherberge: Bisher traf ich keinen Menschen, der mit irgendetwas kein Problem hatte, sei es mit sich, den Anderen oder der Welt. Problemlos ist niemand.

*

Wille zur Moral: Von Natur aus muss der Mensch nicht sollen. Er kann sollen wollen: Die Fähigkeit zur Moral liegt in der Freiheit seiner Verantwortung.

*

Bedarf: Der Mensch „als weltoffenes Wesen, genötigt sein Leben zu führen"[81] führt ohne Richtlinien ein offenes, aber anomisches und orientierungsloses Dasein.

*

Weh des menschlichen Narzissmus: Wenn intelligentes, außerirdisches Leben gefunden würde, wäre eine weitere Kränkung des Menschen perfekt.

*

Horror hausgemacht: Wenn man bedenkt, dass der eigene Körper aus Sehnen, Muskeln, Blut, Schleim, Gedärm usw. besteht, kann einen das Grauen befallen.

*

Die Gene sind's: Aufgrund der phänotypischen Dominanz in Geschichte und Alltag ist zu vermuten: Dummheit hat einen festen Stammplatz im menschlichen Genpool.

---

[81] Koselleck, Reinhart: Die unbekannte Zukunft und die Kunst der Prognose. In: Ders. Vergangene Zukunft. Frankfurt a. M. 1998, S. 205.

*

Gemeinsames: Für den, der sich als Mensch versteht, ist „das Fremde" nur eine interessante Spielart des Eigenen und des Menschenmöglichen.

*

Ich bin *Naturoptimist*: Wenn die Menschheit am Ende ist, werkelt die Natur unter der Herrschaft des Zufalls an ihrer Vielfalt weiter. Natur ist unverwüstlich.

*

In der Technik erblickt der Mensch seine gottgleiche Schaffenskraft: darum steckt auch ein Funke Stolz und Gottebenbildlichkeit des Menschen in der Atombombe.

*

Da geht was: Der Mensch ist weder gut noch böse, er ist die Klaviatur des Möglichen, deren Spektrum je nach dem von Jesus bis Hitler und noch weiter reicht.

*

Mitten drin: Fraß für die Würmer, Futter des Feuers, Beute von Bakterien und Viren usw.: wir stehen nicht am Ende der Nahrungskette, sondern mitten im Kampf.

*

Strukturähnlichkeit: Wer sich selbst gut kennt, der kennt auch meist andere nicht schlecht: Im Einzelmenschen findet sich die Tiefengrammatik des Menschen wieder.

*

Das menschliche Selbstbewusstsein: die geleckte Wunde, das *Trauma der Natur*, dass sie sich selbst zugefügt hat.

*

Maschinen: „Nicht richtig ticken"; „`ne Schraube locker haben", „Durchgeknallt sein" – unsere Alltagsmetaphern verraten unser mechanistisches Menschenbild.

*

Zum Unfrieden verurteilt: Der Mensch, das unzufriedenste Tier. Er erfindet und findet viel, aber der Abgrund seiner entgrenzten Begierde fasst keinen Frieden.

*

Offen: Mein Zutrauen in die Menschen ist groß: ich traue ihnen fast alles zu.

*

Abstraktion Mensch: Wir sind uns ähnlich - unter Absehung alles Individuellen.

*

6.1 Über Sein und Werden, Alles und Nichts
*

Innenraum: Das Weltganze bleibt beschränkt auf den Umfang des eigenen Schädels.

*

Leben im Licht der Aporie: Leben ist etwas, über das wir nicht hinaus können. Wir sind von Unbekanntem überantwortet, ohne *die* endgültige Antwort zu erhalten.

*

Kleine Verbesserung: Nicht „Geworfenheit"[82] ins Sein, sondern „Ins Werden geschmissen!"

*

ER übt nur: Fehlbarkeit setzt, um einen Fehler ermessen zu können, einen Plan voraus. Gott ist unfehlbar! Wie? Gott ist planlos? Gott – ein Improvisator?

---

[82] Heidegger, Martin: Sein und Zeit. 17. Auflage. Niemeyer Verlag 1993, S. 179.

*

Erstes: Raum ist die Möglichkeitsbedingung von Zeit, denn wenn alles an einer Stelle verdichtet stünde, wäre Bewegung und damit ein Nacheinander unmöglich.

*

Pendant: Ewigkeit ist das Pendant der Zeit zur unendlichen Weite des Raums.

*

Alles und Nichts: Alles ist vielleicht Nichts, aber letztlich ist alles, das Einzige was überhaupt von irgendeiner Bedeutung für uns sein kann.

*

"Das Ganze" ist weder „das Wahre" (Hegel) noch ist „das Ganze (...) das Unwahre"[83]. Sondern: Das Ganze ist immer eine Übertreibung.

*

Evolutionäres Daseinsschicksal: Vom Werden *unbewusst* ausgespuckt in Welt und auf Erden, um dann *wieder bewusst* verschluckt zu werden.

*

Altern biologisch gesehen: Die Selbstsabotage der Autopoiesis.

*

An Cioran et. a.: Wer das Leben für ein „Nichts" hält, der widerlegt sich, in dem er es als Wert erachtet noch mit Verachtung darüber zu schreiben.

*

Was A- und Theisten gemeinsam haben: keiner kann die Existenz Gottes oder dessen Gegenteil ohne Restzweifel beweisen. Der Agnostiker lacht...

*

---

[83] Adorno, Theodor: Minima Moralia. Suhrkamp Verlag 2003, S. 55.

„Woher kommen und wohin gehen wir, warum ich jetzt und hier, wozu das Ganze?" - Fragen ohne definitive Antworten: wir sind die kosmisch Gefoppten der Schöpfung!

*

Allem das Seine: Wenn alles individuell und verschieden ist, dann will alles unterschieden sein, um auch gerecht behandelt zu werden.

*

Der natürliche Tod: Selbstmord der Natur – mit uns als teilnehmendem Beobachter.

*

Ontische Eigenheiten: noch nie führten und erlebten auch nur zwei Menschen ein identisches Leben.

*

Wegräumen: Verginge nichts, so entstünde nichts. Das Werden schafft Platz.

*

Eine Idee, den Willen und die Mittel dazu: Macht ist die fortlaufende Möglichkeit zur Aktualisierung einer gewollten Wirklichkeit.

*

Zur weiteren Erwägung im Umfeld der „Seinsvergessenheit"[84] – weiter: Seinsbesessenheit, Seinsvermessenheit.

*

Grenze: Ab dem Punkt, an dem die Wissenschaft an ihre Grenzen stößt, beginnt jene Hypothesenbildung, die man auch unter dem Namen „Glauben" kennt.

*

Ewiges Leben: Die Toten sind noch, nur anders. Als „Verschiedene" sind sie nur von uns *verschieden*.

---

[84]Heidegger, Martin: Über den Humanismus. 10. Aufl. Klostermann Verlag 2000, S. 31.

Relativ: Wenn von „historischen Ereignissen" die Rede ist, dann denke ich oft an zwei Milliarden Galaxien: die Weite des Alls lässt alles zum Kitsch werden.

*

Das Ich: Der Ereignisort *in dem* das Sein sich guten Tag sagt.

*

Göttliche Mindestanforderung: Ein Gott der keine Gebote aufstellt und keine Erlösung verspricht, ist so gut wie - kein Gott.

*

Anti-Gossen: Der Grenznutzen eines guten Buches nimmt mit jeder Seite zu, da man sich weiter in die Zusammenhänge der Welt verwickelt.

*

Das Bild vom „Licht am Ende des Tunnels" gleicht einem Geburtsvorgang. Aber jeder der einer Geburt beiwohnte, weiß was folgt: der Schrei über die kalte Helle…

*

Arten der Herausforderungen: Probleme sind intellektuell, Sorgen existentiell.

*

Das Werden eine lebendige Wüste: ein Sein aus Sand.

*

Krückstock: Gott ist ein Konzept der Schwäche. Wer stark ist, orientiert sich aus sich heraus.

*

Etwas Größeres: Da ist mehr als wir wissen. Ein staunender Blick zu den Sternen genügt, um zu empfinden, was gemeint ist.

*

Universum an Möglichkeiten: Es ist fraglich, ob sich das Kontingent an Kontingenzen in der Lagerhalle des Lebens je erschöpft.

*

Gesetztes: Gesetze der Natur sind Setzungen des "Seins"; Gesetze der Menschen - gesetzte Sätze.

*

Perfektionismus der Schwere: Es gibt Menschen, die beherrschen die Kunst, sich das Leben schwer zu machen bis zur Perfektion.

*

Die Herausforderung nach „Gottes Tod"[85]: dem Leben den Glanz des Heiligen zurückgeben, um es vor Respektlosigkeit und dem Nichts zu retten.

*

Das Werden an Hamlet: "Sein und Nichtsein, das ist des Menschen Lage, drum wird dir auch Sein oder Nichtsein erst zur entscheidenden Frage!"[86]

*

Hohe Sprünge: Von der Verwunderung beim Anblick eines Grashalms zur Frage nach Gott kommen. Zu diesem Sprung, dem Gedankensprung, ist nur der Mensch fähig.

*

Alles kommt und geht: Beständigkeit als Illusion, der Fluss als Konstante. Werden aber ist ein Kosename des Nichts.

*

Etwas: Das Nichts ist nur eine Metapher für das maximale Minimum an Ziel, Sinn und Sein. Denn: ohne etwas geht es nicht.

*

---

[85] Nietzsche, Friedrich: Fröhliche Wissenschaft. Bd. 3. De Gruyter Verlag 1999, S. 480.
[86] Vgl. dazu: Shakespeare, William: Hamlet. Reclam Verlag 2001, S. 60.

Bestimmen, bewerten, beurteilen...: Nur Nicht-sein heißt Sein-lassen. Dasein aber heißt Sein (er-)fassen.

*

Etwas II: Jeder ist eine Perspektive auf die Welt in der Welt, hervorgebracht durch etwas, das wir mit Namen behängen, aber letztlich nicht kennen.

*

Unendgültiges Ende: Das Ende gilt nur wenn man Entitäten annimmt. Ansonsten sind die Dinge Formen in beständigem Übergang im Ozean der Atome.

*

Eins: Die heilige Leere, die Weite und Leichtigkeit verheißt, atmet die Fülle der Welt ein.

*

Übertragung: Weil jedes Werk einen Schöpfer voraussetzt, ist die Idee Gottes als Schöpfer der Welt evtl. eine der Kunst entlehnte Projektion vom Anfang.

*

Anstatt Gottesfurcht: Daseinsdemut.

*

Zwischen Größe, Grauen und Verwunderung: Manchmal ist „Hiersein (...) herrlich"[87], aber grundlegend „unheimlich"[88] und letztlich geheimnisvoll.

*

Erschrecken: -„Buh!!!!!" – Das war kein Aphorismus, sondern die nachgereichte Zusammenfassung der bisher geplatzten Apokalypsen.

*

Die Angst vor der Leere: das Nichts macht uns zu schaffen.

[87] Rilke, Rainer Maria: Duineser Elegien. Reclam Verlag 1997, S. 31.
[88] Heidegger, Martin: Sein und Zeit. 17. Auflage. Niemeyer Verlag 1993, S. 276.

*

Die Sage vom Sein: Das Sein entsagt uns, das Sein sagt nichts, es ist bloß. Nur aus dem Mund der Menschen poltern die Deutungen über das Wesen der Dinge.

*

„Alles zerfließt" – Ausdruck der Trauer derer, die an Substanz und ein Wesen der Dinge glaubten.

*

Leere Laute: Die letztliche Leere der Sprache, erfüllt mich mit Entsetzen. Da ist nichts – außer Schwingungen des Schweigens im Raum.

*

Namenlose Nähe: „Da" ist etwas, was keinen Namen hat. *Gott, Sein, Welt, das Reale* – nichts und schon zu viel gesagt. ES zu benennen führt von ihm weg.

*

Das Nichts: die Eliminierung der Differenzen, das Nirwana der Bedeutung!

*

Aussieben: Mit diesem ruhenden Blick zu den Sternen mutet so viel winzig an...das Wesentliche filternd.

*

Vielheit aus der Einheit: das anfangslose Sein, das die Lust des Wandels umfasst, aus sich heraus und zurück in sich fließt und uns dabei seiend mit einschließt

*

Formlos: Das Ende ist nur eine Metapher für einen Übergang und der Übergang ist Metapher für Werden. Werden aber ist endlose Form.

*

Ohne Glaube geht nichts: Ich wette, der Ungläubigste hat auch einen Götzen und wenn es nur der Gedanke ist, ein radikal Ungläubiger zu sein.

Wegdenken: Wenn wir das Denken wegdächten, wären *wir* weg und wohl nichts außer einer Flut an unerkennbaren, unstrukturierten Sinnesreizen da: Perzeptives Chaos.

*

Demut heute: Im Mittelalter war es Gottes Wille, der geschah. Heute ist man willenlos der Dynamik des Marktes ergeben, in der Hoffnung, dass alles gut wird.

*

Religiöse Neuzeit: Geld ist Gott, Reichtum euer Himmel und ihr seid das Lamm, dass sich für den Erfolg selbst abschlachtet. Selbstverausgabung: das neue Martyrium.

*

„Gott sieht alles" — sagt man. Unter anderem wegen dieser voyeuristischen Unhöflichkeit gebietet es meine Ver- und Anstand nicht an ihn zu glauben.

*

Einfaltspinsel: Optimisten malen rosa, Pessimisten in Schwarz. Beide sind grundsätzlich verschieden — nur die Einfalt der Farbgebung verbindet beide.

*

Warum bin ich Hier und Jetzt, an diesem Ort und im 20. Jhdt. geboren? Karma, Schicksal, Gott, Notwendigkeit oder Zufall sind nur mögliche Deutungen für diesen Fakt.

*

Leib-Seele-Problem: Drei Gläser Wein, Wut, Ekstase oder Müdigkeit usw.: Die Weltwahrnehmung variiert mit den Empfindungszuständen: der Leib *ist* die Seele.

*

Freud, Wut, Verzweiflung, Liebe…: Emotionen beleben. Ohne sie wären wir nur Denkautomaten mit Ausscheidungs- und Geschlechtsorganen.

*

Zur Erwägung: Wenn es keinen Gott gibt, was sind dann Gebete? Nichts als die Selbstanhörung des eigenen Flehens.

*

Einwand gegen Gottes allmächtige Güte: Das Leid, das in der Welt an Kinder verübt wird. Wer Gewalt an Hilflosen zulässt – kennt der Güte?

*

Es ist was es ist: Dass wir hier sind ist ein Mysterium und Gott und der Rest der schönen Ideen nur Möglichkeiten der Auslegung für dieses Wunder.

*

Perspektive: Werden ist der Name des Optimisten für die Vergänglichkeit.

*

Mediziner-Urteil: Lachen ist gesund. Pessimisten-Urteil: Lachen ist Schund.

*

Mehr: „Du gibst Sicherheit, aber wisse: ich bin nicht so einfach gestrickt, dass eine Formel mich fasste!" sprach das Leben zur Logik und lachte.

*

Syllogismus des Übels: Metaphysik ist Hoffnung[89], „Hoffnung ist ein Übel!", so Pandora einst – ergo: Metaphysik ist ein Übel!

*

Macht und Vernunft: Wenn Gott tot und Letztbegründung unmöglich ist, bleibt entgegen der Machtfrage nur noch die Hoffnung auf die Einsicht ins bessere Argument.

*

---

[89] Vgl. dazu: Adorno, Theodor: Minima Moralia: Suhrkamp Verlag 2003, S. 109.

Bezugswelten: Eine Fliege – für ein Kleinkind ein Wunder, für einen Frosch ein gefundenes Fressen und für einen Erwachsenen ein nervendes Insekt.

*

Malertypen: - Schwarzmalerei: die traurige Armut an Nuancen. Buntmalerei: die Ignoranz der Schwärze. Rosamalerei: Idiotie der Hoffnung.

*

Gedanklichkeit: Man muss seine Gedanken über die Teile und das Ganze haben. Ein Welt*bild* ist etwas für Maler und Photographen.

*

Beschäftigungsfeld Leben: Einem Denker und Philosoph ist nie langweilig und nichts zu doof, weil er, dem Leben nimmersatt, immer Arbeit und was zu denken hat.

*

Ihr Bestes: Begierde ist die Tugend der Natur, der Instinkt ihre Klugheit und die Gesetze ihrer internen Abläufe die Geheimnisse ihrer Weisheit.

*

Zur Erwägung: Gedenke der Kette der Zufälle, die zu deiner Geburt und dir führten und frage dich, ob das Wort „Wunder" nicht doch einen Inhalt für dich hat?

*

Unbezahlbar: Wenn es kein Jenseits gibt und Limitation den Preis steigert, dann ist jedes Leben, allein wegen seiner Einmaligkeit, von *unendlichem* Wert.

*

Das Ende der Menschheit aus der Sicht der Natur: vermutlich eine gähnende Gleichgültigkeit, nur eine *bedeutungslose Episode* in ihrem endlosen Treiben.

*

Das Absolute undenkbar: Ein Absolutes kann sein, es ist aber undenkbar, denn als Gedachtes steht es in Bezug zu uns, was ihm den Status des Relativen verleiht.

*

Schwere Sympathie: Vergänglichkeit, unvermeidlicher Schmerz, große Fragen, die offen bleiben, Leid, Tod etc. – Liebe zum Leben ist Sympathie mit dem Aggressor.

*

„Ich weiß, dass ich nichts weiß!": Bewusste Unwissenheit – wo die Wissenschaft ihren Anfang hat, findet der Skeptiker sein Ende.

*

Neues Attribut Gottes im Gegensatz zum Menschen: Ein Sein, das zufrieden und mit sich kein Problem hat.

*

Achtung der Dinge durch die Frage: Frag-Würdigkeit ist auch eine Art der Achtung dafür, wie sich eine Sache wirklich verhält.

*

Weg ins Jenseits: Evtl. ist es die skurrile Erfahrung der Nachtträume, die die Menschen im Anbeginn dazu bewegt hat an die Option einer anderen Welt zu glauben.

*

Verbale Abhängigkeiten: Worte wissen zu segnen, doch es kann nur segnen, wer dafür Worte hat et cetera pp.

*

Ironie: Zur Mars kommen wir, aber den Hunger der Welt kriegen wir nicht in den Griff: Die Menschheit ist ein beschämender Haufen – ich inklusive.

*

Vermeintlicher Zufall: Wenn man offen ist und viele Interessen und intellektuelle Anschlüsse hat, dann vermeint man dem schenkenden Zufall häufiger zu begegnen.

*

Ontologische Notiz: Das Sein in der Zeit ist Werden und als Werden ist es etwas mehr als Nichts. Sein in der Zeit ist ein optimiertes Nichts.

*

6.2 Brüchige Rückbindungen und verbindende Sehnsucht

*

1. Gebot: Religionen *sollten* das Leben des Einzelnen *besser und erträglicher* machen und nicht durch Terror und Missionseifer *die Hölle auf Erden* schaffen.

*

Die Suche beruhigen: Glauben ist letztlich *die Hoffnung* auf Wahrheit.

*

Religiöse Paradoxie: *Selbstloses* Handeln mit dem *nicht ganz so* un*eigennützigen Ziel*, dass die guten Taten akkumuliert den Eintritt ins Paradies eröffnen.

*

Verhaltenslehre: Auf Gebotsbefolgung folgt paradiesische Belohnung. Auf Gebotsübertritt wartet die Hölle als Strafe! Religion: Behaviorismus mit *heiligem Schein*.

*

Kein Umsonst bitte: Religiosität ist ein menschliches Grundbedürfnis nach Antworten, die das Gefühl geben, dass das Leben im Ganzen nicht umsonst ist.

*

Der Glaube an Gott schenkt entgegen Verlust, Trauer und Tod Trost: der Gläubige *leidet leichter*, da er seinem Schmerz einen „höheren" Sinn geben kann.

*

Wie Gott Deist wurde: „Ach Mensch, was bin ich deiner müde" – sprach Gott und legte sich auf unabsehbare Zeit tatenlos schlafen...

*

Anthropologie und Glaube: Da kein Mensch ohne Glauben auskommt ist die Bezeichnung „Ungläubiger" religiöse Ideologie. Jeder glaubt, nur das „woran" variiert.

*

Die Einteilung in „Gläubige und Ungläubige" schafft Fronten. „Andersgläubige" ist als Bezeichnung ein Mittelweg und eine erste Anerkennung der Glaubensvielfalt.

*

Wissenschaft gegen Religion: Gehirn und Gene versus Gott, Biochemie versus Transzendenz.

*

325 n. Chr.: Konstantin bewies einen wachen Herrscherinstinkt, da er die Regierungsmacht der monotheistischen Religion ahnte: Ein Gott- ein Kaiser- ein Reich!

*

Shiva und Co.: Die Naturvorgänge zu personalisieren macht sie vertrauter; ihnen eine menschliche Gestalt geben, heißt ihnen die Fremdheit nehmen zu wollen.

*

Kategorienfehler: In religiös-metaphysischen Fragen ist der Begriff "Wahrheit" unpassend. Dort gibt es Spekulation, Glaube und subjektive Überzeugung – mehr nicht!

*

Selbstüberwindung: Die Epiphanie des Göttlichen ereignet sich in der Übermenschlichkeit der Liebe.

*

An Pascal: Wenn ich auf Gott wette und nach seinen Geboten lebe, es ihn aber am Ende nicht gibt, verspiele ich dann nicht die Option auf ein eigenes Leben?[90]

*

Gott, Geist und Co. – Religiöse Sehnsucht verlangt nach Etwas in den Seestürmen des Lebens, das dauerhaft Kraft und Halt gibt und Zuflucht bietet…

*

Kein Sprechverbot: Das Bilderverbot tangiert nicht, solange man sich *Gedanken* über Gott machen kann, die man auch aussprechen *darf*.

*

Religionen haben vier Kernfunktionen: Regelung des Zusammenlebens, Rechtfertigung des Daseins, Tröstung und Minderung der Angst vor dem eigenen Ableben.

*

Psychoanalyse: „Wo Es ist, soll Ich werden."[91] – Meditation: „Wo ES und ICH ist, soll Licht werden" (Buddha sinngemäß).

*

Der Reiz des Monotheismus liegt evtl. in seiner Komplexitätsreduktion: Eines ist einfach und macht das Orientieren und Entscheiden leichter.

*

Hoffnung und Ausflucht: Augustinus schrieb den „Gottesstaat" als Alarich Rom eroberte. Aus dem Schrecken heraus *erfand* er ein zweites Reich, - das Reich Gottes.

*

---

[90] Vgl. dazu: Pascal, Blaise: Gedanken. Suhrkamp Verlag 2012, S. 195-199.
[91] Vgl. dazu: Freud, Sigmund: Abriss der Psychoanalyse. Fischer Verlag 2004, S. 67-77.

Buddhismus: Keine Gotteshuld, sondern die Verehrung eines Geisteszu-
standes – die Demut vor der Entdeckung des Nichts als Leerheit.

*

Panpsyche: Da der Schamanismus alles in der Natur als beseelt ansieht,
ist er eine Art „Panpsychologie" des Universums.

*

„Die Wahrheit wird euch frei machen"[92] – Durch die Wahrheitssuche ist
im Christentum dessen Aufhebung eigentlich schon angelegt, denn: keine
Religion ist wahr.

*

Laut buddhistischer Sichtweise beträgt die Dauer zwischen Tod und
Wiedergeburt ca. 49 Tage.[93]. – Erholsamen Daseinsurlaub stelle ich mir
irgendwie länger vor!

*

Tarot & Co: Der Boom des Esoterischen ist eine Reaktion auf die postmo-
derne Orientierungslosigkeit: man wünscht sich Weisung in individuali-
sierten Zeiten.

*

Religiöse Gefühle als Strategie: Da der eigene Glaube keine Wahrheit
beanspruchen kann, bietet die Berufung auf Irrationales der Ideologie
vielleicht Immunität.

*

Nochmal religiöse Gefühle: Warum sollen religiöse über ästhetischen
oder philosophischen Gefühlen stehen? - Gemessen daran, blutet mir
jeden Tag das Herz!

*

Religiöse Gefühle III: In Anbetracht der Dogmatik vieler Gläubiger sehe
ich meine philosophischen Gefühle verletzt. Der Staat schütze den kriti-
schen Geist.

---

[92] Joh. 8, 31.
[93] Vgl. dazu: Nydahl, Lama Ole: Von Tod und Wiedergeburt. Knaur Verlag 2011, S. 137.

*

Religiöser Glaube: ein Placebo der Hoffnung, der vom Schmerz der Sinnsehnsucht heilt.

*

Pragmatismus des Gebets: Ein Imam erzählte beim Moscheebesuch, dass die Moslime fünf Mal am Tag beten, - denn wer bete, könne nichts Schlechtes tun.

*

Keimzelle: Der Schamanismus entstand als das menschliche Bewusstsein erwachte; er ist der spirituelle Ursprung und die Mutter des Religiösen.[94]

*

Historischer Beleg: Gott ist nicht tot. Gott und die Götter sterben nicht so lange es Menschen gibt, denn die Menschen schenken der Idee Gott ewiges Leben.

*

Von den Übernatürlichen: Wer seine angeblichen übernatürlichen Kräfte nicht zum Wohl aller einsetzt, der hat vermutlich keine Kräfte oder kein Wohlwollen.

*

Animismus: Bei den Naturvölkern sind Steine, in der christlichen Eucharistie wird eine Oblate beseelt. Zwischen den „Primitiven" und Christen ist kaum ein Unterschied.

*

Offenbarte Glaubenslehren: Menschliche Dichtkunst mit Absolutheitsanspruch und Herrschaftsinteresse.

*

Minderwertigkeitsgefühle: Wen eine Karikatur kränkt, dessen Selbstbewusstsein kränkelt.

---

[94] Vgl. dazu: Zumstein, Carlo: Schamanismus. Diederichs Verlag 2001, S. 9.

*

Religiös entwurzelt: Religion verliert an Bedeutung und Wissenschaft, weil zu komplex für die Massen, bietet wenig Ersatz: viele leben spirituell im Niemandsland.

*

Menschlicher Kosmos: Religion, Klobürste, Wissenschaft, Straßen usw. – alles hat eine Funktion für den Menschen, von dem sie gemacht sind.

*

Gemeinsames Ziel der Religionen in vier Worten: „Weniger Ich, mehr Du!"

*

Selbstbildung und -begegnung der anderen Art: Wenn die Reinkarnationslehre wahr wäre, könnte man sich im neuen Leben an seinen geschriebenen Büchern bilden.

*

Religiöse Auseinandersetzungen: der endlose Clinch um die beste Erzählung.

*

Die Gefahr radikaler Ideen: Menschen sind sterblich & kurzlebig, große Ideen aber nicht: sie liegen in der Geschichte zum Aufgriff bereit.

*

Deismus: Gott schuf alles und hat dann alles sich selbst überlassen, um dem Spektakel zu zuschauen – Deismus: Das Laissez-Faire unter den Religionen.

*

Das Paradies evolutionstheoretisch gesehen: Ein Wunschtraum des Selbsterhaltungstriebs mit Luxusbedürfnis.

*

Rechtfertigung: Die Karmalehre ist eine Legitimation der Ungerechtigkeit in der Welt: eines jeden Platz darin hängt ursächlich von vergangenen „Leistungen" ab.

*

Beispiel: Ich glaube nicht an einen Gott, aber die Geschichten Jesu sind durch ihre Unvoreingenommenheit und Liebe leuchtende Beispiele für Mitmenschlichkeit.

*

Religiöser Börsencrash des 19. Jahrhunderts mit Langzeitfolgen: die Spekulationsblase "Gott" ist geplatzt.

*

Ewiges All-Inclusive: Paradiese sind Kompensationskonzepte, eine Art 17-Sterne All-Inclusive Aufenthalt im metaphysischen Anderswo für gutes Betragen.

*

Wundervolle Bekräftigungen: Menschen hoffen auf Wunder, weil Wunder ihnen Vertrauen in ihren Glauben schenken, damit sie weiter hoffen können.

*

Bachs Fuge gehört und schon erwachten in mir religiöse Gefühle. Was? Die Vorstellung Gottes schleicht sich durch das raumgreifende Spiel der Orgelpfeife ein?

*

Gehorsamsbedingung: Gäbe es eine Religion, die belegen könnte, dass wir zu Musik werden, wenn wir sterben,- ich folgte ihr frei.

*

Gefangen in Vorstellungen und Konzepten: Aus buddhistischer Sicht ist das Leben im uneigentlichen Sinne des Wortes „schleierhaft".

*

Genarrt: Woher kommen wir? Aus dem heiligen Zufall zweier Zellen! Wohin gehen wir? Ins große Meer von Atomen! Unsere Phantasie foppt uns: da ist kein Himmel!

*

Historisch-kritische Koransichtung: Um überhaupt in die Moderne einzutreten, braucht der Islam *einen* Spinoza als Türöffner.

*

Leidensende: In Religion und Politik erreicht man die Massen nicht durch nackte Wahrheit, sondern durch die Hoffnung auf eine bessere Zukunft.

*

Für Kenner: Das buddhistische Dharma ist eine östliche Phänomenologie des menschlichen Geistes mit eudämonistischer Ausrichtung.[95]

*

Im Dunkel halten: Prometheus wurde von den Göttern bestraft, da er den Menschen *das Licht* brachte. Ergo: die Götter bevorzugten für die Menschen das Dunkel.

*

Für Dumm halten: Adam und Eva wurden aus dem Paradies vertrieben, da sie vom *Baum der Erkenntnis* aßen: Die Götter mögen uns dumm![96]

*

Gütekriterium einer Religion: Sie muss ihr Leitsätze zur kritischen Überprüfung freigeben und Erfahrungen ermöglichen, die zu *erlebten Gewissheit* werden können.

*

Phantasielos: Das Nichts ängstigt, weil es unvorstellbar ist. Wir haben Angst vor dem Nichts des Todes, weil unsere Vorstellungskraft ins Leere greift.

---

[95] Vgl. dazu: Nydhal, Lama Ole: Wie die Dinge sind. Joy Verlag 1994; ebd.: Das Große Siegel. Joy Verlag 1998.
[96] Vgl. dazu Gen 2, 9 - 3, 1-24.

Es gibt viele Jenseitsvorstellungen, aber letztlich gilt: Was nach dem Leben kommt, werden wir sehen - oder auch nicht!

*

Endloses Leben und Glück, endloses Selbst: Religiosität ist die Sehnsucht, dass sich hinter dem Entsetzen der Endlichkeit des Lebens etwas Unendliches verbirgt.

*

Glauben: Seelisches Silikon, die Dichtmasse, die die Lücken unseres Nichtwissens ausfüllt.

*

Transzendenz: Wer glaubt, dass es mehr gibt, als wir begreifen können, der ist schon religiös, denn der nimmt uns Übersteigendes an.

*

Verschiedene Ansprüche: Aufklärung spricht die Freiheit und die kritische Vernunft, Religion die Sehnsucht nach Halt und den Hunger nach Heiligem an.

*

Dialektik der Freiheit: Die Renaissance des *Religiösen* ist eine Reaktion auf die weltanschaulichen Unsicherheiten der Moderne, die die Freiheit selbst erzeugte.

*

Die Rückkehr der Religion unter modernen Bedingungen ist ein individualisierter Synkretismus: Ein persönlicher Glaubens-Potpourri als passgenaue Lebenshilfe.

*

Vergangene Welt: Von welch schlichter an Naivität grenzender Schönheit muss die Welt gewesen sein, als ein Gott noch als die *Erklärung für fast alles* fungierte.

*

Über die Grenze: Wo man nichts wissen kann, da darf das Schönste geglaubt und auf das Beste gehofft werden.

*

Großes Vielleicht: Der Agnostizismus als Antwort heißt die Ungewissheit heilig sprechen und in einem großen Vielleicht Ruhe finden.

*

6.3 Perspektiven der Hoffnung

*

Aus Erfahrung: Wenn man Schönheit, Aufrichtigkeit und Güte erlebte, auch wenn es nur vereinzelt war, so schenkt diese Erfahrung dem Aufenthalt Hoffnung.

*

Hoffnung: ein Stützstrumpf, mit dem man besser Richtung Zukunft geht.

*

Frage: Wer ohne Hoffnung ist, dem gehört allein das Verweilen im Augenblick und dieser ist, recht genutzt, Glück genug! Warum braucht man dann Hoffnung?

*

Hoffnung: eine intellektualisierte, lebensverlängernde Maßnahme des Selbsterhaltungstriebs.

*

Sprichwort: „Grün ist die Hoffnung!" hat vermutlich seine Entstehung im Frühling - nach langen Wintern gehabt.

*

Der Annahme von Notwendigkeit haftet, in Form von Ordnung und Nachvollziehbarkeit, Hoffnung an. Zufall hingegen impliziert Chaos, Ohnmacht und Ausgeliefertsein.

Alltagszuversicht: Hoffnung der Müdigkeit auf Schlaf ist die Vorfreude auf eine kleine Erlösung.

*

Hoffnungsreim: Heilig ist dem Mensch das Hoffen, denn es hält die Zukunft schön, erstrebenswert und offen.

*

Hoffnung ist wie eine morsche Brücke: man weiß nie, ob die wackligen Erwartungen auf eine bessere Zukunft, halten was sie versprechen.

*

Verabreichte Hoffnung: oft nicht mehr als eine Hinhaltetaktik.

*

Hollywood: Die cineastische Industrialisierung des Happy Ends, die bildgewordene Hoffnungsmaschinerie der Postmoderne.

*

Hoffnung: Ich habe sie noch die Intellektuellen- und Lehrerhoffnung, dass drei Worte ein Leben verändern und eine Weltsicht grundlegend umkrempeln können.

*

Vielleicht traurig, aber wahr: Wer Hoffnung schenkt, der liefert auch immer zugleich das Potential zur Enttäuschung mit.

*

Kamerakultur: Es gibt bestimmt Menschen, die in der Gegenwart von Überwachungskameras die Hoffnung hegen als Star entdeckt zu werden.

*

Von der Skepsis auseinander genommen: die Hoffnung stirbt zersetzt.

*

Von den Sehnsüchten zerrissen: die Hoffnung stirbt zerfetzt.

*

Von der Wirklichkeit abgenutzt: die Hoffnung stirbt verletzt.

*

Von der Verzweiflung ungebraucht zurückgegeben: die Hoffnung stirbt entsetzt.

*

Dem Heute immer Herr werden: die Hoffnung stirbt ersetzt.

*

Klugheit: Es ist Dummheit sich über die Dummheiten der Menschen aufzuregen, denn dann implodiert die Hoffnung und die Erregung nimmt kein Ende.

*

6.4 Funken zur Philosophie und philosophische Funken

*

Philosophie: Freie Wissenschaft von Allem und Nichts, die in der Offenheit des Denkens zwischen vernünftiger Strenge und Kunst wohnt.

*

Erziehung: Philosophie als Philosophieren ist letztlich Pädagogik, die will, dass der Einzelne auf begründetem Weg zu sich und seiner Sicht der Dinge kommt.

*

Selbstforschung: Zuviel lesen kränkt die Eitelkeit des eigenen Erkennens.

*

"Das kann doch nicht sein!": Umso mehr man für *unmöglich* hält, umso eher befällt einen das Staunen über das, was ist.

*

Religion: Bekenntnis zum Glauben. Wissenschaft: Bekenntnis zur Methode. Philosophie: Bekenntnis zur Erkenntnis. Philosophieren: Bekenntnis zum Denken.

*

Streit: Die Geschichte der Philosophie ist ein eitler Kampf der begründeten Meinungen darüber, was der Mensch, was wahr, gut, der Sinn und das Sein ist.

*

Für den Zustand der Welt kann jeder nur bedingt etwas: Der Existentialismus übertreibt in der Spanne zwischen Geburt und Tod das Moment der Verantwortung.

*

Transzendentalontologie: Die Frage nach den Bedingungen der Möglichkeit von Sein überhaupt: Wie kann „Sein" eigentlich sein?

*

Übersehen: Kierkegaards blinder Fleck war im vierten, im *philosophischen Stadium des Suchenden* gelebt und gedacht, ohne es benannt zu haben.[97]

*

Angst vor Veränderung: Philosophisches Fragen kann deshalb bis zur Abneigung unbequem sein, weil es auf sanft-subversive Weise am Selbstverständlichen nagt.

*

Lehrerin: Philosophie wird oft als nutzlos angesehen, aber sie hat mich sinnvoller leiden, wesentliches bedenken und besser leben gelehrt. Das reicht mir an Nutzen!

*

Sisyphos ist der Don Quichote der Moderne: Windmühlengefechte verwandeln sich durch die Magie des Absurden zu Berg und Felsgestein.

*

---

[97] Vgl. dazu: Kunzmann et al.: DTV-Atlas Philosophie. 10. Aufl. DTV Verlag 2002, S. 163.

Humanismus: Ein Erziehungs- und Zuchtplan für *den* Menschen.

*

Positivismus: Position ohne Sinn für Interpretationen und Perspektiven.

*

Solipsismus: Der Autismus der Erkenntnistheorie.

*

Transzendentaler Idealismus: Eine Hinwendung zum Subjekt mit Geschichtsvergessenheit.

*

Historischer Materialismus: Schematismus des Geschichtlichen mit Kampfansage.

*

Materialismus: Ein interessanter *Gedanke.*

*

Naiver Realismus: Der Traum vom Außenkontakt mit den Tatsachen.

*

Poststrukuralismus: Sozialkonstruktivismus mit Spontanitätsproblemen der Subjekte.

*

Phänomenologie: Epochaler Rückzug von den Sachen zu sich.

*

Lebensphilosophie: Metaphysik des Lebens ohne Gott.

*

Atheismus: Die Ideologie des einen Lebens.

*

Philosophische Brille: Alle Menschen haben Augen im Kopf, doch nur wenige sehen und sagen das Wesentliche.

*

Epistemologisches Problem Glück: Wenn Glück von Begriff und Einstellung abhängt, dann müssten die Erkenntnistheoretiker Glücksexperten sein.

*

Moderne Bekenntnisse: Pascals „Memorial" wären heute ein Fall für den Tätowierer: eingestochen statt eingenäht.

*

Programm: In der „kritischen Theorie" scheint die Übertreibung, die auf Frustration aus ist, ein Teil des Erweckungsprogramms zu sein.

*

Ambivalenz der Postmoderne: Einige tragen Trauerflor, andere feiern: die definitive Antwort ist tot, - es leben die Antworten.

*

Urteilsvermögen: Jedes Urteil ist ein Vorurteil, da unser Wissen über die Welt immer begrenzt ist. Das zu wissen, hilft zumindest zur Vorsicht im Urteilen.

*

Philosophische Libido: Der Anziehung und Erotik der Erkenntnis verfallen.

*

Aufforderung: Alles zu verstehen ist unmöglich, aber verstehen zu wollen, in dem man seinen Verstand gebraucht, ist menschlicher Mindestanspruch.

*

Konsequenz: Die praktische und zu Ende gedachte Konsequenz aus überzeugtem Nihilismus ist der Selbstmord. Alles andere ist Heuchelei und Attitüde.

*

„Schauen wir mal": Eine Handlung ohne die Garantie ihres möglichen Gelingens ist ein Versuch, der das Scheitern mit einschließt.

*

Aus Mangel an unendlichem Erfahrungsmaterial: Niemand kann wirklich weise werden, der nicht unsterblich ist.

*

Die Mimik des Wunderns: Ein wacher Blick, da das Sein einer Sache im Licht der Unwissenheit aufblitzt.

*

Seinsanatomie: Der Blick fürs Wesentliche ist der Blick für die Zusammenhänge und Strukturen, der anatomische Blick für das tragende Skelett von Ich und Welt.

*

Lob der Pluralität: Was ist Liebe? Was ist Glück? Was...? Die Pluralität der möglichen Antworten verleihen jedem die *Bürde* und *Würde* einer *eigenen* Definition.

*

Schopenhauer und Adorno: Frankfurts berühmteste Humoristen.

*

Wissen als Hilfe: Verwunderung ist wie eine Wunde im Bewusstsein, die man mit Wissen zu heilen versucht.

*

Für Hegel: Der Weltgeist, der Weltgeist, der sich durch die Menschen, mehr schlecht als recht, an und für sich in den Arsch beißt.

*

„Nur das Werden ist" – ist ein unlogischer Satz, denn wenn das Werden *ist*, *ist* Werden ein Sein. Aber eventuell ist dem Werden die Logik auch egal.

*

Botanik der Erkenntnis: Die alten Sichtweisen fallen durch Erkenntnis wie Blätter...Der Baum der Erkenntnis ist keine Augen- sondern eine Trauerweide.

*

Metaphysische Attraktivität: Das Nichts hat etwas! Vermutlich wirkt die unkreative Komplexitätsreduktion von allem auf das äußerste Minimum anziehend!

*

Image: Heute schmücken sich viele Unternehmen mit einer „Philosophie". Aber es steckt „Strategie" der Verkaufsinteressen drin, wo „Philosophie" drauf steht.

*

Gegen Descartes: Schopenhauer, Nietzsche, Freud, Heidegger, Foucault, Derrida, Lacan, Luhmann. Das 19. und 20 Jhdt. - ein Sturmlauf gegen das Subjekt.

*

Provokation Leben: Das eigene Leben stellt immer wieder die eigene Philosophie, die auf dem Papier besteht, auf die Probe: es fordert die Prinzipien heraus!

*

„TransZenDental-Philosophie"[98]: die meditative *Wurzel*behandlung der immer struktur- und begriffsbedingten, menschlichen Erkenntnismöglichkeiten.

*

Wir kennen Zweifel, Verwunderung usw. als Anlässe des Philosophierens: Mit Cioran aber kam die Langeweile als philosophischer Antrieb zu höchsten Ehren.

*

---

[98] Vgl. dazu: Kant, Immanuel: Kritik der reinen Vernunft. Weischedel, W. (Hrsg.). Suhrkamp Verlag 1974.

Paradoxie der Philosophie: Philosophie hält durch ihre Fraglichkeiten geistig frisch und lässt doch durch den Ernst ihrer Themen schneller altern.

*

Philosophien der Geschichte: oft nur Legitimationsversuche für die Leiden in der Geschichte, die begannen wurden und noch begangen werden sollten.

*

Unsere Ähnlichkeit mit den Alten: Demokratie, Wettkampf, Wissenschaft, Philosophie, Hang zum Schönen: wie? Sind wir Postmodernen vielleicht antiker als gedacht?

*

Philosophie des Geldes: Da fast alles einen Preis hat, ist Vermögen ein Mittel zur Verfügungsgewalt: es bietet Weltbemächtigungspotential. Vermögen ermöglicht!

*

Philosophie des Festes: Feiern ist die Auszeit vom Alltäglichen, es ist der Tanz auf dem Tisch im Pausenraum des Großbetriebs „Leben".

*

Entketten: Der Zauber des Philosophierens liegt in der Entfesselungskunst und dem langsamen bis jähen Lösen der Ketten, die uns binden.

*

Lichtmacher: Unten im Dunkel traf ich die Philosophie und die Kunst. Seit dieser Begegnung ist mir alles ein Mittel und eine Möglichkeit mir selbst Licht zu machen.

*

Aus Gewohnheit: Der Blick der meisten Menschen ist reich an der Armut des Staunens.

*

Binär codiert durch den Tag: Das Wesentliche und das Gedöns, das Wichtige und das Nichtige….

*

Ökonomie der Philosophie: Wesentliches zu denken ist auch eine Art Denkökonomie, denn sich mit dem Akzidentellen rumschlagen vergeudet Zeit.

*

Basis: Auch wenn Letztbegründung unmöglich ist, so ist eine begründete Meinung angebracht. Denn ansonsten ersaufen wir in Willkür und Beliebigkeiten.

*

6.5 Einige Vernünfteleien

*

Dialektik der verblendeten Vernunft: „Vom Mythos zum Logos"[99] zum Mythos des Logos, die an Hochmut leidet und vermeint die Welt verstehen zu können.

*

Schizophrenie der „reinen Vernunft"[100]: Last der Vernunft? Definitiv unbeantwortbare Fragen zu stellen. Lust der Vernunft? Definitiv unbeantwortbare Fragen zu stellen.

*

Brachliegend: Menschen sind vernunftbegabt, allerdings scheinen viele mit der generösen Haltung zu leben, dass sie diese Gabe ungebraucht lassen können.

*

---

[99] Vgl. dazu: Nestle, Wilhelm: Vom Mythos zum Logos. Scientia Verlag 1966.
[100] Vgl. dazu: Kant, Immanuel: Kritik der reinen Vernunft. Weischedel, W. (Hrsg.). Suhrkamp Verlag 1974, S. 11.

Am Ende ins Offene: Wo die Grenzen der menschlichen Vernunft erreicht sind, da eröffnet sich auf der anderen Seite das Universum des Glaubens ins Blaue.

*

Sym- und Antipathie: Man hat primär ein Ja oder Nein zu den Dingen. Ein Urteil ist meist der ex-post Kommentar der Vernunft zur instinktiven Zu- und Abneigung.

*

Relationen: Vernunft ist nicht alles im Menschen, ihre Übertreibung verwandelt ihn zum Denkautomaten, ihre Untertreibung zum Monster.

*

Von Rational- und Romantizismus: Pure Rationalität - die Metzgerei der Romantik. Pure Romantik - ein Kitsch ohne Vernunft.

*

Trennwand: Zuviel herrische Vernunft hält vom Fühlen des Augenblicks fern, in dem sie die Empfindungen des Moments übertönt.

*

„Vernünfte": Es gibt angeblich nur „die Vernunft". Aber vielleicht kommen wir über die Vernunft nicht hinaus, weil wir die Grammatik wie ein Naturgesetz hofieren.

*

Die Vernunft ist in praktischer Hinsicht oft eine Lustbremse. Der Verstand ein Werkzeug der Zielerreichung. Diese sagt: „Gib acht!", Jene: „So wird´s gemacht!"

*

„Komm zur Vernunft": Zur Vernunft kommen als Appell heißt oft, man soll sich gedanklich und praktisch einreihen. „Vernunft" ist auch eine Konformitätsformel.

*

6.6 Dummheiten zum Denken

*

Das Denken: Gesagtes und Gedachtes kann hinterfragt werden, aber *hinter* das Denken kommen wir nie. Denken: die hinterfragbare Unhinterfragbarkeit.

*

Lebensweltwissenschaft: Phänomenologische Feldforschung im eigenen Leben, in dem man entlang der Begebenheiten im Umkreis der fünf Sinne denkt.

*

Nur dasitzen, denken und beizeiten etwas zur Sprache bringen: Reine Theorie ist an manchen Tagen Tätigkeit genug.

*

Denkdetails: Die Fähigkeit zur Differenzierung und die Kunst der Nuance zeichnet Denken aus.

*

Glauben schenken: In dem man das Denken aufgibt, gibt man sich dem Glauben hin.

*

Sprechdenken: Denken ist mehr und anderes als nur inneres Sprechen. Oder wie soll man z.B. einen spontanen Einfall bezeichnen? – Innerer Husten mit Auswurf?

*

Zeitverschwendung: Schlechte Gespräche sind zerredete Stille, die man besser zum Denken genutzt hätte.

*

Denken ist Bewegung und ohne eigentliche Heimat: Eine freie Vernunft fasst nicht Fuß, sondern sie lebt nomadisch.

*

Denken und Phantasieren: Nichts tuend tätig sein und rastend reisen.

*

Abstrahiert: „Das Allgemeine" besteht nur im Denken. In der sinnlichen Unmittelbarkeit hat jedes Ding seine Eigenheit und Würde.

*

Entfernen: Da man seine Aufmerksamkeit nicht teilen kann, verliert man den Kontakt zum Augenblick, wenn man Gedanken nachgeht.

*

Unendlichkeit in Gedanken: Die schaudernde Unabsehbarkeit dessen, was schon alles gedacht wurde und sich noch alles denken lässt.

*

Beobachtung schweigender Ordnung: Schweigen lernen heißt, sich beim Denken zuhören zu lernen.

*

Anzeichen des Dogmatikers: Wer bei einer Einsicht, die Bekanntes anders sehen lässt, sofort zur Verteidigung ansetzt, der ist fürs Denken nicht gemacht.

*

Teil und Ganzes: Ein Gedanke ist die Konkretisierung des Denkens, in dem das Denken Gestalt annimmt.

*

Rarität des Denkens: Überlegung, bewusste Begründung, logische Schlüsse usw. sind im Alltag selten. "Nicht-denken" ist die übliche Art des geistigen Geschehens.

*

Denktraining: Um sich seine Dogmatik abzutrainieren öfter mal fragen: „Kann ich es auch anders sehen als ich es jetzt sehe?"

*

Religion: Autoritäre Vorgabe von „Wahrheit". Philosophie: Individuelle Aufgabe in der Frage nach Wahrheit.

*

Weltraum: Das Bedürfnis nach Weite in einem Raum mit vier engen Wänden, vermag nur das Denken, Meditation oder die Musik zu erfüllen.

*

Zusammenhang und Aufforderung: Denken, was das Zeug hält.

*

Autopsie am Leib des Lebens: Ich überzeuge mich am liebsten selbst davon, wie sich die Sache verhält.

*

Genies sind Menschen nach denen nichts mehr so ist wie vor ihnen: Genies markieren Einschnitte, schaffen Wendepunkte und bringen neue Brillen.

*

In den Blick bekommen: Nachdenkend bringt das Denken sich *vor* sich.

*

Das Weite suchen: Reflexion schafft Distanz, und Distanz ist ein erster Schritt ins Freie.

*

Konstanz: Gedanken und Gefühle in vielen Farben kommen und gehen, doch nur die reine Aufmerksamkeit ihres Werdens scheint zwischen allem als Dauer hindurch.

*

Danke: Einfälle und Ähnliches, die einem zufallen – der Zufall ließ mich schon viel finden. Ich danke der Freiheit für diese Durchlässigkeit.

*

Man kommt nicht in den Himmel, aber auch nicht in die Hölle: Denken bitte nicht mit einer Sünde verwechseln. Es darf gedacht werden.

*

Denkerische Demut: Ein Frage stellen und sich dann der Eingebung ergeben, um sich von der Antwort *finden zu lassen.*

*

Ausweitung der Denkzone: Wer sich dem Fremden öffnet, bereichert und bildet sich.

*

Erkenntnistheoretische Voraussetzung und philosophischer Imperativ: Alles ist *Selbst*verständlich, aber nichts darf selbstverständlich sein.

*

Denken heißt: Es mit der Komplexität von Mensch und Welt aufnehmen wollen.

*

Vom Anderen zum Eigenen: Alles Verstehen ist eine Art Übersetzen.

*

Bis zu gewissem Grad kann man denken, Assoziationen anregen, sich konzentrieren, aber der Rest kommt nach seinen Gesetzen: wir sind Halbkontrolleure des Denkens.

*

Denken ohne Umsetzung ist reine Theorie. Ausführungen ohne Gedanken blindes Verhalten. Erst wo Denken und Tun sich vereinen ist bewusstes Leben.

*

Manöver: Ein Witz ist beizeiten nur ein Ablenkungsmanöver, um über das Gelächter ein weiteres Nachdenken zu übertönen. Witze aber widerlegen nichts.

*

Boden: „Begründung", „Gründe": Erdmetaphern! Menschen brauchen Boden unter den Füßen. Bei bedenkenden Vögeln würde es vielleicht „belüften" heißen.

*

Standpunkt a.D.: Wer *wirklich denkt*, der wird Gedanken, aber Probleme mit einem festen Standpunkt haben, weil Denken ein Geschehen im Treibsand ist.

*

Mal ganz unter uns: Ich habe keine Bedenken, dass einem je die Probleme ausgehen. – Es bleibt spannend und immer was zu tun. Ruhe ist Illusion.

*

Kristallisation: Eine Ahnung im dünnen Gewand der Intuition, die ausstaffiert wird und konkrete Gestalt annimmt, verwandelt sich zur Idee.

*

Theorie und Praxis: Ein Freigeist im Frack, ein Punk im Gehirn, der eine Villa bewohnt: Es ist leichter radikal zu denken, als radikal zu leben.

*

Auf und ab: Die intellektuelle Wanderung vom Konkreten zum Allgemeinen und wieder zurück, der Spaziergang auf den Sprachsprossen der Abstraktionsstufen.

*

Sehen lernen: Wer meint Theorie sei trocken, der hat keinen Geschmack für ihre prickelnde Süße, die den Blick belebt.

*

Ermöglichungen: Ein Gedanke ist gelungen, wenn er eine neue Facette eröffnet. Und ein Buch hat Größe und Genie, wenn es den Blick auf die Welt verändert.

*

Weiter grübeln: Wenn man etwas nicht sofort versteht – nicht aufgeben: Nachdenken ist keine Schande.

*

Wider den Autoritäten: Kein Buch ist eine Bibel, kein Satz ein Dogma und keine Regel ein Naturgesetz.

*

Beispiel NS-Zeit: Auf die Meinung der Mehrheit ist kein Verlass und sie ist kein Garant für Richtigkeit: Selbstdenken ist die erste Bürgerpflicht.

*

Wege zur Selbsterkenntnis: Seine Vergangenheit und das eigene Denken, Reden und Tun betrachten und sich ausprobieren, um zu sehen, was man kann.

*

Denken, Reden, Handeln: Denke tief, weit und viel; rede treffend, klar und klug und handele aufrecht und schön, mit dem Drang nach Bejahung.

*

Konformes Denken: Wir sollen nicht kritisch denken, sondern täglich funktionieren. Und wenn wir denken sollen, dann meist nur um täglich besser zu funktionieren.

*

Eigentlich gibt es immer etwas zu tun oder zu denken: das Leben gleicht eher einer Baustelle als dem Paradies.

*

Bodenlos: Wer der Versuchung des Denkens erliegt, der geht in einem Fass ohne Boden baden.

*

Binäres: Wer in schwarz-weiß Kategorien denkt, denkt eigentlich nicht: er verurteilt a priori die Vielfalt, die denkbar ist, wenn man des Denkens fähig wäre.

*

Regel: Mit Grundfragen befassen sich Menschen entweder in Krisen, der Jugend oder als Philosoph: Denken ist eine Ausnahme, ungeprüftes Dahinleben die Regel.

*

Zu süß: Wenn wir Denken steuern könnten, dann würden die lieblichen Gedanken präferiert. Aber ich wette: Sieben Tage und die kontrollierte Süße ekelte uns an.

*

Ein *Ge-danke* ist eine Eigenart der Dankbarkeit: Man dankt durch geäußerte Gedanken dem, was einem zu denken gibt: dem Geist der Anderen und dem gelebten Leben.

*

Brille: Ökonomisch Denken heißt Dinge und Menschen nach Rängen, Nutzen, Preisen und Verwertbarkeit betrachten. Aber diese Brille ziehe ich mir nicht an…

*

Am Ende des Gewohnten: Wo die gewohnten Antworten mit ihrem Latein am Ende sind, da beginnt die Sprache des Denkens sich Gehör zu verschaffen.

*

Vorstellungskraft: das endogene Rauschmittel des Denkens, das Wirklichkeiten imaginiert.

*

Wider die Grenzen im Denken: Jeder „Ismus" ist arrogant, blind, einengend und eine gewollte Begrenzung an dem, was noch *alles denkmöglich* ist.[101]

*

Kaum auszudenken: Wo kämen wir hin, wenn alle selbständig dächten und nicht nur die geläufigen Meinungen reproduzierten?

---

[101] Vgl. dazu auch: Ballauff, Theodor: Pädagogik als Bildungslehre. 4. Aufl. Poentisch/Ruhloff (Hrsg.). Schneider Hohengehren Verlag 2004, S. 156f.

Komplexe Strukturen: Chaos ist vielleicht nur eine Ordnung höchster Komplexität, der unser Verstand nicht Herr wird, da er dessen Regelmäßigkeiten nicht fasst.

*

Persönliche Gewichtung: Könnte man Gedanken auf eine Waage legen, dann würde man merken: Eigentlich haben sie kein Gewicht.

*

Ungefragte Übernahme des Üblichen: Wer die Dinge für selbstverständlich hält, der verhält sich gedankenlos.

*

6.7 Skepsis, Zweifel und Verzweiflung

*

Selbstzweifel: seelische Selbstvergewaltigung durch ein abschätziges Eigeninterview ohne Fragestopp.

*

Zahnlos: Verzweiflung ist ein Zustand, in dem der auf Dauer gestellte Zweifel, der Zukunft den Zahn der Zuversicht gezogen hat.

*

Metaphysikverdacht der Welterklärungen: Wer „das Ganze" in den Mund nimmt, nimmt den Mund zu voll und macht sich verdächtig.

*

Verdächtig: Einen Verdacht haben, schließt „sich verdacht zu haben", nicht aus.

*

Kleine Art der Denkerziehung: In Zweifel ziehen, erzieht zum Denken.

*

Vom Zweifel verzogen erzogen: Wer viel in Zweifel zieht und dann nach *seiner* Ansicht handelt, der wirkt oft - entgegen der gängigen Auffassung - *verzogen*.

*

Reizworte: „Immer", „alle", „überall", „jeder", "nie", „niemand", „das Erste und Letzte", *„die* Wahrheit" - es gibt Worte, die reizen zur Überprüfung des Satzes.

*

Aus Trägheit: Wer glaubt, der ist oft nur zu faul zum Zweifeln.

*

Aus dem inneren Monolog eines müden Skeptiker: „Ach, immer das Aber!"

*

Zweifel: Zerdenken des Gedachten.

*

Tick: Wenn ich das Verb „ist" verwende oder vernehme, zuckt der Skeptiker in mir zusammen *„Ist* es wirklich so oder kann`s auch anders sein und gesehen werden?"

*

Skeptische Übung: Jeden Tag einer Idee die Luft rauslassen.

*

Ein Kissen für den Glauben: Im Bereich hinter den Grenzen des Sagbaren ringt die Sehnsucht in Bildern mit dem Verstand für ein Bett des Zweifels.

*

Zweierlei befördert die Skepsis: Viel fragen und/oder viel wissen.

*

Skepsis und Kritik: emanzipatorische Exerzitien, die zur geistigen Freiheit und Souveränität geleiten.

*

Scheinskeptiker: Jemand, der einen philosophischen Anfall simuliert.

*

Verzweiflung: das Flow-Erlebnis des notorischen Zweifels.

*

Der Unterschied zwischen Zweifel und Skepsis: Diese wird von Misstrauen und Unwissenheit, jenen von einem Überschuss an geistiger Kraft getragen.

*

Historische Aufgeklärtheit führt zur postmodernen Skepsis: Man lässt sich keine Geschichten mehr über das Ganze, den Verlauf und *das Ziel* der Geschichte erzählen.[102]

*

Saat und Ernte: Wo Misstrauen gesät wird, dort gedeiht der Zweifel.

*

Grundton und Tun: Die Grundstimmung des Zweiflers ist das Misstrauen und der geäußerte Zweifel ist der *intellektualisierte* Argwohn dieses Gefühls.

*

Wachliegen: Der Zweifel, ein Wolf in den Daunen, ein Freund des zerrissenen Ruhekissens.

*

Anziehung und Abstoßung: Vertrauen verbindet, Zweifel entzweit.

*

Das Dogmatische: das gefundene Fressen des Skeptikers.

---

[102] Vgl. Lyotard, Jean-Francois: Postmoderne für Kinder, Passagen Verlag 1996, S. 32ff.

*

Von Leib und Seele halten: Skepsis als Haltung imprägniert gegen ideologischen Einsickerung und versuchte Vereinnahmung für fremde Zwecke.

*

Prüfen, umsehen, weitergehen: Skepsis hält die Suche in Gang und den Geist in Bewegung.

*

6.8 Wahrheitssuche und -versuche

*

Das Schweigen flüsterte mir: „Finde etwas, das für alle, überall und zu allen Zeiten Geltung besitzt und du kommst der Wahrheit nahe!"

*

Im Werden: Vieles in der Geschichte, was als wahr galt, ist heute überholt. Historisch gedacht haftet der „Wahrheit" immer schon der Geruch des Museums an.

*

Wahrheit als Witz: Witze enthalten oft einen Funken Wahrheit. Wenn nur jede Wahrheit auch ein Witz wäre, der zum Lachen Anlass gäbe.

*

Schwerwiegende Verwechslung: Zum Fanatiker, Idiot und Tyrannen wird, wer seinen Glauben und seine Überzeugung mit der alleinigen Wahrheit verwechselt.

*

Zur Kenntnisnahme: Wenn Sichtweisen beobachterabhängig sind, dann sind Urteil *nur* mögliche Sichtweisen, die in Erwägung gezogen werden können.

*

Zeit: Die skeptisch- und zynischsten Gelehrten fand ich unter den historisch Denkenden: die Historizität „der Wahrheit" hat sie bissig und klug gemacht.

*

Ethos: Wahrheitsstreben verlangt Schonungslosigkeit als Haltung und ein hemmungsloses Denken, das auch vor dem Nichts nicht Halt macht.

*

Wasser im Wein: Das Traurige an schönen Gedanken ist, dass sie nicht zwangsläufig wahr sind.

*

Paradox: Wer vor dem Wahren flieht, der wird von der Lüge verfolgt.

*

„Wer schreibt, der bleibt" ist nur eine Halbwahrheit. Denn man muss auch gelesen werden und Spuren hinterlassen, um Bestand zu haben.

*

Lob der Maske: Masken erlauben das Spiel von Wahrheit und Verstellung. Wann du, du bist und durch die Maske tönst, weiß niemand - außer dir.

*

„Wahrheit" in zwei Kontexten: „Wahrheit" in der Wissenschaft ist ein Ideal, während sie im Alltagsleben mit der Angst des Entlarvens besetzt zu sein scheint.

*

Performativer Selbstwiderspruch: Jeder der Wahrheit leugnet, dessen Leugnung beansprucht doch richtig und wahr zu sein, oder?

*

Evidenz: Warum ist Wahrheit zu begründen? Wäre von der Wahrheit nicht zu erwarten, dass sie von schlagender Evidenz jenseits aller Argumente ist?

*

„Die Wahrheit" ist ein Ideal. Real ist der Schein des Wahren, da wir den Weg unserer Sinne davon entfernt wohnen, zu erkennen, wie die Dinge wirklich sind.

*

Humbug: Wenn Wahrheit Übereinstimmung von Aussage und Tatsache ist, dann ist sie in religiös-metaphysischen Kontexten Unfug, denn dort gibt es keine Tatsachen.

*

Über Wahrheit und Freiheit: "Die eine Wahrheit" ist immer ein Kampfbegriff, *wenn* sie sich als alternativlos hinstellt und darum notwendig zum Folgen zwingt.

*

Wahrheit des Handelns: Integrität und sich selbst treu sein ist Wahrheit ins Pragmatische gewendet.

*

Wahrheitsrausch „Im Wein ist Wahrheit" sagt man. Wenn der umgekehrte Fall zu träfe, wenn in der Wahrheit auch Wein wäre, dann strebten vielleicht mehr nach ihr…

*

Kein Weg zur Wahrheit der Dinge: Auch in der Intersubjektivität bleibt das „zwischen uns" subjektiv.

*

6.9 Freiheiten und Befreiungen

*

Das Mögliche und das Freie: Möglichkeiten zu haben ist eine Konkretisierung der Tatsache, dass man Freiheit besitzt.

*

Papierkäfig: Es schenkt einem das Gefühl der Freiheit, wenn man seine Pläne zerreißt.

*

In Haft: Wohnhaft, Krankhaft, Zwanghaft, Sprunghaft,…die deutsche Sprache deutet es an: es gibt mehr Freiheitsentzug als man wahrhaben will.

*

Moral selbst geben: Jener, der zur Freiheit gelangt ist, sagt: „Ich sage mir selbst, was ich soll!"

*

Die strukturell bedingte Unwissenheit in metaphysischen Fragen, schenkt Denkfreiheit: Gedankenexperimente erlaubt!

*

Warum so und nicht anders? - Wer nach Gründen fragt, der setzt Freiheit voraus.

*

Abneigung: Wenn ich an Zeitmanagement denke, empfinde ich eine Freiheitsbedrohung: ich lege meine Tage nur ungern mit einem Terminkalender in Ketten.

*

Charakterfrage: Manche empfinden Freiheit als Lust, andere als Last! – Wie doch nur ein kleiner Buchstabe einen großen Charakterunterschied markieren kann.

*

Toll vor Fülle: Es gibt so viel zu sehen, erleben, zu denken, lesen und tun: Die Angst moderner Freiheit ist angesichts der Optionsflut nicht durchzudrehen.

*

Das Phantom der Fessel: Zwang ist oft nur Kopfsache.

*

Vermögen vermag: Monetärer Zuwachs ist die Erweiterung des praktischen Potentials.

*

Ausweitung der Bewegungszone: Die eigenen Möglichkeiten wachsen zu sehen, heißt seiner eigenen Befreiung beiwohnen.

*

Recht: Jede Generation hat ein *Subversionsrecht*, denn immer setzt man sie in eine Welt, die sie nicht mit schufen, die aber ihr Leben maßgeblich betrifft.

*

In der Natur scheint alles perfekt und mit Notwendigkeit in einander zu greifen. Nur in der Kultursphäre sieht man oft den Mangel – weil man Freiheit unterstellt.

*

Anti-Hegel: Freiheit ist die Einsicht in die Möglichkeit.

*

Versionen: Geistige Freiheit zeigt sich, neben dem Spiel der Sichtweisen, darin, dass man sich sein eigenes Leben in mindestens zwei Versionen erzählen kann.

*

Zwang der Freiheiten: Der Möglichkeitsraum schafft Entscheidungszwang.

*

Das Paradoxon der Freiheit: wer sie findet, der sucht wieder Unterweisung: die eigene oder die eines Anderen.

*

Das Leben sagte: „Stell dir vor, ich, das Leben hätte von vornherein Sinn. Du wärst festgelegt und gebunden. Mein Unsinn ist deine Möglichkeit!"

*

Unschuldsvermutung: Wenn die Neurobiologie, die unsere Freiheit leugnet, akzeptiert würde, dann könnten alle Gerichte schließen, denn Schuld gilt nur für Freie.

*

Subtile Fessel: das Gefühl zu ewigem Dank verpflichtet zu sein.

*

Abgegolten: Der Preis für geistige Freiheit ist Einsamkeit.

*

Kontingenzkompensationskompetenz[103]: die Fähigkeit und geistige Freiheit, gut und passend reagieren zu können, wenn alles anders wird, als man denkt.

*

Freie Frechheit: Zynismus ist Freiheit und Mut zur intelligenten Frechheit im Erwachsenenalter.

*

Da geht mehr: Wer an Schicksal oder Bestimmung glaubt, wünscht oft nur aus Feigheit heraus, seine Möglichkeiten ignorieren zu können.

*

Die konzeptionelle Gewohnheit des Sehens verhindert oft, dass wir die Augenblicke als das erleben, was sie sind: einmalige Ereignisse.

*

---

[103] Vgl. diese Wortneuschöpfung ist eine lose Anlehnung an: Marquard, Udo: Abschied vom Prinzipiellen. Reclam Verlag 2005, S. 23-38.

Wir wählen in Grenzen, aus Bedingungen und bestimmten Horizonten heraus: Freiheit ist immer eine bedingte Freiheit, eine Wahl im erweiterbaren Käfig.

*

„Es war vorherbestimmt. Ich konnte nichts dafür…" - Der Determinismus ist der Versuch der Suspension der eigenen Verantwortung.

*

Deterministische Konsequenz: Wenn wir nicht *frei sind*, sondern uns nur *frei denken*, dann lebt man am besten wie gedacht.

*

6.10 Zwischen Konstruktion und Wirklichkeit
*

„Externer Realismus"[104] - Ja, irgendetwas scheint da draußen zu sein, über dass wir reden.

*

Wie Wirklichkeit tatsächlich ist, wissen wir nicht: denn wir gelangen nie auf die andere Seite unseres Denkens und unserer Sinne.

*

Im Kreis: Was wir von der Realität kennen sind nur unsere Vorstellungen von etwas, unser Hantieren damit, die Deutung der Effekte und unser Gerede darüber.

*

Sinn: die gelungene Konstruktion von Zusammenhängen.

*

---

[104] Searle, John: Die Konstruktion der gesellschaftlichen Wirklichkeit. Suhrkamp Verlag 2011, S. 159.

Evidentes Aua: Diese schwer dekonstruierbaren Wirklichkeitswiderstände und Schmerzen, die z.B. die Schläge mit der blanken Handfläche gegen die Stirn erzeugen.

*

Modalitäten des Ablebens: Der Tod, momentan nur eine Möglichkeit, auf dessen eine Wirklichkeit wir aber mit Notwendigkeit zugehen.

*

Gemeinsame Realität: *Wir*klichkeit. Ekelnde Realität: *Würg*lichkeit.

*

Abstraktes: Laut Piaget beginnt die formal-operationale Stufe mit ca. elf Jahren.[105] Gemessen daran sind 90 % der Menschheit geistig gesehen noch keine Teenager.

*

Der wirksamste Traum: Realität - vielleicht nur ein Traum unter vielen möglichen Träumen, der den höchsten Wirkungsgrad aufweist.

*

Ansichten aus dem Nirwana: Realität ist eine Ruhestörung.

*

Abgrund: Der niedlich klingende Spalt in der „Subjekt-Objekt-Spaltung"[106] ist ein Abgrund über den uns keine Brücke zur Objektivität führt.

*

Imaginations-Welt Verhältnis: Tagträume sind Realitäten im Erwartungszustand.

*

Eigenes unter der Lupe: Witz der Marktforschung ist, dass sie die Realität der Konsumenten erforscht, die sie in Unternehmenskooperation selbst geschaffen hat.

---

[105] Vgl. dazu: Zimbardo, Philip: Psychologie. 5. Aufl. Springer Verlag 1992, S. 69f.
[106] Jasper, Karl: Kleine Schule des philosophischen Denkens. 12. Auflage. Piper Verlag 1991, S. 46.

*

Radikal konstruiert? – Einem hungernden Obdachlosen vor dem Kältetod zu sagen, seine Welt sei nur Konstruktion grenzt an Menschenverachtung.

*

In den antiken Anfänge hieß es „Erkenne dich selbst"; heute in Zeiten der vermeintlichen Radikalkonstruktion von allem und jedem heißt es: „Erfinde dich selbst"!

*

Satz-Fiction: An die „Realität" glaubt nur, wer die Fiktionalität der Sprache nicht kennt.

*

Der Verstand ist der Wächter der Tagträume: schweifen sie aus, so spielt er Cowboy und treibt die reizenden Vorstellungen zurück ins Gehege des „Realen".

*

Wirklich werden: Phantasie die Wirkung zeigt, hört auf reine Phantasie zu sein.

*

Hausgemacht: Der süße Geschmack der Tagträumerei ist für jene, denen ihre Realität nicht bekommt.

*

Für ein Mittel gegen den "gesellschaftlichen Verblendungszusammenhang"[107] lesen sie die richtigen Bücher und fragen Sie bitte ihren Augenarzt oder Epistemologen.

*

Elend der Wirklichkeit: Weil man um mehr weiß, als da ist: Das Mögliche besiegelt die Armut des Wirklichen.

---

[107] Horkheimer, Max/Adorno, Theodor: Dialektik der Aufklärung. Fischer Verlag 2003, S. 48.

*

Sein im Schein: Die wirksame Realität einer Illusion.

*

Wachstumsanspruch: "Lass mich bitte wachsen, sonst wirst du mir eine Verwirklichung schuldig", sagte die Möglichkeit zur Faulheit, die ihre Trägheit umarmte.

*

Mehr als wirklich ist: Die Unendlichkeit der Wünsche hält sich an den zähen Grenzen des Wirklichen auf, um sie zu überwinden.

*

Radikale Konstruktion als creatio ex nihilo ist Unfug: Jeder der sich „seine" Welt schafft, schöpft mehr oder weniger kreativ aus kulturellen Beständen.

*

„Viabilität"[108] der neuen Lehre: Der Konstruktivismus ist eine Spielart des Pragmatismus, den man zum erwünschten Ziel neuer Erkenntnis nicht unbedingt braucht.

*

---

[108] Vgl. dazu: Glasersfeld, Ernst v.: Konstruktion der Wirklichkeit und des Begriffs der Objektivität. In: Gumin/Meier: Einführung in den Konstruktivismus. Piper Verlag 2008, S. 30.

6.10.1 „Der Sichtweise" - Sieben Perspektiven aufs Glas

*

Begehren - A: „Ist das Glas halb voll oder halb leer" – B: „Es war randvoll und wird bald leer sein, wenn mein Durst bleibt und keiner nachschenkt!"

*

Perspektive - A: „Ist das Glas halb voll oder halb leer" – C: „Es ist sowohl halb voll als auch halb leer, je nach Durst und Perspektive!"

*

Phänomen - A: „Ist das Glas halb voll oder halb leer" – D: „Wer sagt eigentlich, dass es ein Glas ist und es mir nicht nur als ein solches erscheint?"

*

Interesse - A: „Ist das Glas halb voll oder halb leer" – E: „Wozu die Frage? Wenn ich halb leer sage, dann soll ich wohl die nächste Runde geben!"

*

Aufforderung - A: „Ist das Glas halb voll oder halb leer" – F: „Und was wenn ich halb voll sage? Soll ich dann schneller trinken?"

*

Fiktion - A: „Ist das Glas halb voll oder halb leer" – G: „Es ist weder halb voll noch halb leer, sondern nur eine nötigende sprachliche Konvention!"

*

Kontext - A: „Ist das Glas halb voll oder halb leer" - H: „Es ist eine Atomansammlung, deren flüchtige Gestalt wir als Glas mit ca. 0,27 ml Inhalt bezeichnen!"

*

6.10.2 Umdenken und winzige Umwertungen

*

Umwertung: Die Leere ist keineswegs nichts, sie ist der Möglichkeitsraum des Neuen, der Vorhof der Fülle.

*

Umdeutung: Wenn die Arbeit in Unlust umschlägt, verwandelt sich Lohn in Schmerzensgeld.

*

Umwertung: Sieger sind nichts Besonderes, sondern *nur* die, die an die Bedingungen ihrer jeweiligen Kulturnische am besten *angepasst sind.*

*

Umwertung der Arbeit: In der Antike wurde Arbeit verachtet und in der Neuzeit zum Menschenrecht[109]: dank der „Fortschrittsideologie" hat Arbeit Karriere gemacht.

*

Umwertung: In der Antike waren apolitische Menschen unbrauchbar und Arbeit verpönt, heute scheint brauchbar wer apolitisch ist und arbeitet.

*

Umwertung: Erst wenn die Umwertung des Werts des Reichtums erfolgt, wird „der Arme" sich auch mit wenig reich fühlen dürfen.

*

Umwertung: Schaut man sich in medizinischen Kompendien an, welche Krankheiten möglich sind, dann schlägt nur eine Grippe zu haben, in Freude um.

*

Umdeutung: Es steht jedem frei eine Krise als Möglichkeit zu sehen und auch Hundescheiße am Schuh als Kunst zu betrachten…

*

---

[109] Vgl. dazu: Allgemeine Erklärung der Menschenrechte. Insel Verlag 1990, S. 56.

Umwertung: Karriere - ein stressiger Zeitvertreib für angepasste Verlierer, die nichts Besseres zu tun haben.

*

Umwertung: Sich unter Menschen fremd und allein fühlen ist ein Privileg und ein Zeichen dafür, der einmaligen Eigentümlichkeit schon recht nah zu sein.

*

Umwertung: Niederlagen und dem steten Abstieg ein Fest bereiten ist echte Meisterschaft. Denn: Froh sein und in Momenten des Erfolgs feiern kann jeder Amateur.

*

Umwertung: Die Endlichkeit des Lebens nicht als dessen Hinfälligkeit zu sehen, sondern als seine Heiligsprechung hochachten.

*

Vorteil: „Nichts wissen, nichts können, nichts wollen!" - Jede Einsicht ist eine Bereicherung, jede Tat übers Gelingen erhaben und jeder Moment ein Geschenk.

*

Umwertung: Die Besitzenden sind nicht zu beneiden, sondern eher um den materiellen Reichtum, den sie verlieren können, zu bedauern.

*

6.11 Sprüche zur Sprache

*

Am Abgrund wohnen: An den Grenzen der Sprache ein Zuhause finden, um dem Unsagbaren einen Schritt näher zu sein.

*

Aus Gründen der sprachlichen Mehrdeutigkeit: lebenslänglicher Aufenthalt in Interpretationsspielräumen.

*

Spracharten: Sachliche Sprache ist im Idealfall deutlich, unpersönlich und treffend, die poetische Sprache bewusst vieldeutig, bildlich und schillernd.

*

Wahre Onomatopoesie: Lyrik ist musikalische Lautmalerei mit den Mitteln der bildlichen Sprache.

*

Verweisungsnetz: Wenn man nur an einem Wort zupft, kommt im Sprachnetz eine ganze Welt ins Schwingen.

*

Begründungsarbeit: Semantischer Turmbau auf Sand mit Logik und Bindeworten.

*

Philologie: Liebe zur Sprache zeigt sich u.a. daran, dass man sich freut und um eine Bedeutungsnuance reicher fühlt, wenn man ein neues Wort (er)findet.

*

„Die Sprache spricht"[110] und „Nur die Kommunikation kann kommunizieren"[111]: Der Logos im Modus des Autopiloten.

---

[110] Heidegger, Martin: Unterwegs zur Sprache. 7. Auflage. Neske Verlag 1982, S. 12.
[111] Luhmann, Niklas: Die Wissenschaft der Gesellschaft. Suhrkamp Verlag 1990, Seite 31.

Denkgrenze: Gedanken können nur soweit gehen, wie es ihnen die Leine der Sprache an Freilauf ermöglicht.

*

Sich Gestalt geben: Die prälogische und formlose Empfindung, versucht die entsprechenden Farben der Worte zu finden, um sich ausmalend eine Gestalt zu geben.

*

Semantische Symphonie: Die Finger auf der Klaviatur des Computers, die mit Buchstaben ein Lied der Bedeutungen spielen.

*

Die merkwürdige Macht der Sprache: Es ist kaum zu glauben, was eine Aneinanderreihung von Buchstaben alles anrichten kann.

*

Eine Idee haben: Besätzt sein.

*

Viel denken: Zersätzt sein.

*

Schreibblockade: Entsätzt sein.

*

Alchemie des Worts: Mit Worten lassen sich Sätze schmieden, die wie Messer schneiden und es lässt sich Medizin mischen, die Wunden heilt.

*

Kleine Stimmungsaufheller: Sonnenschein und ein schöner Satz, tragend wie Musik.

*

Individualinterpretation: Es mag keine „Privatsprache"[112] geben, aber nichts destotrotz ist in aller Allgemeinheit des Sprachlichen das Verständnis individuell.

*

Sprache: das eigentliche „Fleisch der Götter", das bewusstseinserweiterndste und verträglichste Rauschmittel, das ich kenne!

*

Ein Blick ins Wörterbuch verdeutlicht: Worte verweisen auf Worte verweisen auf Worte...Willkommen im Käfig der Bedeutung. Ausstieg unmöglich.

*

Ich erzähle mich: Der aktive Wortschatz lässt uns die Möglichkeit eines Ichs ergreifen. Denn: Jeder ist seine Erzählung.

*

Sprachkämpfe: Mediale Deutungsdelirien, Transzendentalkriege, um die geglaubte Richtigkeit der Begriffe, Hoheitskämpfe um die eine Weltinneninterpretation.

*

Getragen: Sich vom bewegten Meer der semantischen Möglichkeiten getragen wissen, dass die Sprache in uns als Welt ausbreitet.

*

„Die Sterne stehen stramm, von Engeln auf den Arm genommen...".- Mit wohlwollender hermeneutischer Grundhaltung ist kein Satz unsinnig.

*

Frei nach Heidegger: „Die Sprache ist das Irrenhaus des Seins."[113]

*

---

[112] Vgl. dazu: Wittgenstein, Ludwig: Philosophische Untersuchungen. Suhrkamp Verlag 1971, S. 114.
[113] Heidegger, Martin: Über den Humanismus. 10. Aufl. Klostermann Verlag 2000, S. 5.

Körpersprache: Körperliche Gewalt ist die „Sprache" der Sprachlosen, die sagen wollen, dass sie nicht in der Lage sind mit Worten eine Lösung zu finden.

*

Eigentlicher Himmel: Sprache spannt, über die sinnliche Unmittelbarkeit des Augenblicks, ein Netz aus Bedeutungen in unseren Köpfen als Himmel auf.

*

Semantische Aufladungen: Das Schuldenkonto der Bedeutung auf null stellen…

*

Weltmacht Sprache: Sprache macht Welt.

*

Neue Komposita: Gedankenversessen, wohlbefindlichkeitszentriert, glücksgegängelt, enttäuschungsgelehrt,…

*

Du bist deine Sprache: Wer seine Sprache kultiviert, der kultiviert sich.

*

„Begriff" kommt von Greifen: wer greift, der kann halten. Greifen und Halten verweist auf die Hand und Handhabbarkeit. – „Der Begriff" deutet auf Verfügungsgewalt.

*

„Hang", „Neigung", „Es fällt mir leichter…" Raummetaphern der widerstandsloseren Bewegung in eine Richtung.

*

Die unerwiderte Liebe des Dichters: die Zärtlichkeit und Sorgfalt im Umgang mit dem offenen Sinn der Zeichen, die ihn zerreißen.

*

Heruntergekommener Poet, am Boden der Buchstaben, zugrunde ge-
dichtet...

*

Es ist Licht in der Sprache: Denn sie hebt im Satz und durch die bewusste
Wortwahl, die Dinge in der Welt aus dem Fluss in die aktuelle Helle der
Anwesenheit.

*

Wortliebe: Die Worte, Erfüllung zwischen zwei Enden der Leere.

*

Mysterium: Wem aufgeht, dass wir qua Sprache nichts über die Dinge an
sich sagen, dem wird das Seiende in der reinen Sinnlichkeit wieder mys-
tisch und wundersam.

*

6.12 Über Sinn und Sinne

*

Es ist einfach: „Der Sinn des Seins?"[114]: das Sein des Seins! Vielleicht ist die bloße Präsenz des Seins der Sinn des Ganzen. Es ist und gut ist´s.

*

Es verhält sich vielleicht auch anders: „Der Sinn des Seins?" – Das Sein von Sinn!

*

Nacktheit: Wenn man die Sinnkonzepte von allem abzieht, dann bleibt je nach Geschmack: das Absurde oder die Verwunderung, dass überhaupt etwa ist.

*

Sinnsimulationen: Eigentlich tun wir nur so *als ob* das Leben einen Sinn hätte. Aber im *als ob* liegt der Sinn als solcher.

*

Gute Kristallisation: Es gibt Momente, die haben die Macht der Vergangenheit Sinn zu geben, so als ob alles mit geheimer Kraft zur diesem Augenblick hindrängte.

*

Gefundene Einfalt: Wer nur Sinn in der Sinnlichkeit findet, der ähnelt in seiner Einfalt und Weitsicht dem Ochsen.

*

Modernes Leben: Am Sinnlosen herumwerkeln bis es irgendwie passt.

*

Eigensinn: Eingeschlossen im Raum der eigenen Sinne *ist* jeder Mensch eine Welt und Perspektive: keiner sieht, hört, fühlt, denkt, liebt und leidet wie du.

*

---

[114] Heidegger, Martin: Sein und Zeit. 17. Auflage. Niemeyer Verlag 1993, S. 2.

Je nach dem: Der Sinn des Lebens ist für die, die von fremder Führung freigeworden sind, ein Selbst- oder ein Entsetzen.

*

Daseins-Make-up: Gesetzter Sinn – die nachträgliche Schminke, um die Fratze der Bedeutungslosigkeit ansehnlicher zu gestalten.

*

Dreischritt: Über die Sinnfrage zur Sinnklage zum *existentiellen Eigensinn* kommen.

*

Sinnbeweis? Wenn es bedeutungslos wäre, dann dürfte, es leicht zu nehmen wohl nicht so schwer sein!

*

Das sinnlose Drama im Leben: ein möglicher Katalysator der Nachdenklichkeit.

*

Hilfe: Über Theorien zum Sinn des Lebens kann man Suchmaschinen befragen. Aber sich dafür entscheiden und ein sinniges Leben führen, muss jeder noch selbst.

*

Wenn es a priori einen Lebenssinn gäbe, dann müssten wir gehorsam sein und wären genötigt zu folgen: Frei und ein *Suchender* ist besser als Sinnsklave zu sein.

*

Religion und Metaphysik: Die einfache Hoffnung auf Mehr - der Sinn des vermeintlich Übersinnlichen ist die Auslöschung des Unsinns.

*

Eine Stunde unter Sternen und aus dem Unendlichen über uns erfasst uns ein metaphysischer Anfall. Gott? Zufall? Sinn? Es wird kalt. Frag nicht, geh tanzen!

*

Erlaubnis: Man kann es auch so sehen: jemand oder irgendwas hat uns die Freiheit geschenkt, dem eigenen Leben einen Sinn verleihen *zu dürfen*.

*

Sprache als menschliche Erfindung, Laute mit „Sinn" ohne absolute Bedeutung: bedeutende Illusionen sind unser Element, mit dem wir leben gelernt haben.

*

Existentielle Leitdifferenz: Sinn/Zeitverschwendung.

*

Kleine Klugheit: Glück als Lebenssinn zu sehen, ist nicht unklug, denn dann sieht man auch im Unglück Sinn und etwas wonach man strebt. Es gibt sinnloseres.

*

Das Resultat von Schärfe und Feinheit der Sinne: Intensität.

*

Die Mehrzahl der Menschen begeht keinen Suizid. Das Leben der Mehrheit scheint also irgendeinen Sinn zu haben. Aber es ist ja bekannt: die Masse denkt nicht.

*

Wahrnehmung von Schönheit: Streicheleinheiten für die Sinne und den Geist.

*

Authentizität in einer Rolle? Ein Widerspruch in sich! – Was geht: Eigensinn im Erwartungskorsett wahren oder aus der Rolle aussteigen.

*

Passend machen: Verabreichte Anpassung ist für jene mit Eigensinn eine Nötigung zur schmerzlichen Selbstverleumdung.

*

Wundersam Erschließung: Es tragen Laute, die schwingende Luft sind, Bedeutung vom Mund zu Ohr und lesende Augen entkleiden zärtlich die Zeichen ihres Sinns.

*

Bewegtes Heute: Fluide Kreuzungspunkte, Dezentralisierung des Sinns und der Subjekte, Entmonopolisierung der Blickwinkel und Enthebung des Einen vom Olymp.

*

Laune: Ein Tag, der sinnvollerweise mit ein bisschen Unsinn im Sinn beginnt, der kann nur gut werden.

*

Preis: Wo die metaphysische „Nachfrage" auf Deutungsangebote trifft, da entsteht ein Sinnmarkt. Die Währung, in der bezahlt wird: das eigene, gelebte Leben.

*

Da es keinen Ausweg aus der Sprache gibt, ist Sinnlosigkeit semantischer Unsinn. Existentiell gibt es sehr wohl Sinnlosigkeit, dann wenn Ziel und Zweck fehlen.

*

Im Plural: Evtl. nicht "der Sinn", sondern: Sinne des Lebens! Je nach Phase, Lebenslage usw. Denn wer sagt, dass es "Sinn", wenn, nur im Singular gibt!

*

Großes Egal: Am besten ist es einem egal, dass das Leben sinnlos ist, weil dann kann man beruhigter die Erfahrung machen, wie gut es sich absurd leben lässt.

*

6.13 Kurze Gedanken zum guten Handeln

*

Es ist „vielleicht (…) Aufgabe der Ethik vor Moral zu warnen."[115] Vornehmlich operiert Religion mit moralischen Codes. Ergo: Ethik hat vor Religion zu warnen!

*

Erweiterter Moralbegriff: Wo der Mensch *in Gegensätzen* denkt, *normativ* eine Seite als besser bevorzugt und (sich) danach richtet, agiert er nach einer Moral.

*

Grundregel für das gesellschaftliche Zusammenleben: Wir müssen uns nicht lieben noch hassen, - Respekt genügt.

*

Vielfalt: „Du bist gut, aber beschränkt auf den Schmerz. Ich aber bin bunt und habe Anteil an allen Emotionen", sagte das Mitgefühl zum Mitleid und lachte.

*

Zur Gewohnheit machen: Anderen Gutes zu tun zur bewussten Gewohnheit werden lassen, - dann wäre die Welt zwar gewöhnlich, aber bewusst gut.

*

Gleiches Maß: Wer Respekt will, der zeige ihn auch anderen gegenüber.

*

Praxistücke: Kluge Sprüche und gute Ideen für eine bessere Welt gibt es genug, nur an der kollektiven Einigung und Umsetzung hapert es.

*

Moral: Aus soziologischer Sicht bietet Moral Ordnung, aus pädagogischer Sicht Führung, aus psychologischer Sicht Beruhigung und aus sozialer Sicht Zusammenhalt.

---

[115] Luhmann, Niklas: Paradigm lost. Suhrkamp Verlag 1990, S. 41.

*

Utilitaristischer Zorn: Wut ist vernünftig und gut, wenn Wut Gutes für viele tut.

*

„Die Anderen machen`s": Wenn jeder denkt, der andere macht was, und man selbst denkt, dass man darum nichts zu machen braucht, dann macht keiner etwas.

*

Die Menschen im Blick: Menschlichkeit heißt den Anderen primär *als* Mensch zu sehen und Merkmale wie Religion, Herkunft, Geschlecht, Status usw. auszublenden.

*

Stufen der Selbstlosigkeit: Anderen Gutes zu wünschen ist der erste Schritt der Selbstlosigkeit. Ihnen Gutes tun der Weg Selbstlosigkeit auch zu verwirklichen.

*

Mein Anliegen: Nicht folgen, nicht führen, sondern Seelenfreund sein und dafür Sorge tragen, dass man freie und wache Menschen um sich hat.

*

Becket enthüllt: „Godot"[116] ist die Abkürzung für „Go, do it." Und: „Zu lange warten ist Zeitverschwendung", die Moral von der Geschichte.

*

Teure Rarität: Güte ist selten und auch darum groß.

*

Mitmensch: Wenn man jemandem nicht aus Pflichtgefühl, Neigung, Bezahlung, Anerkennung oder Zwang hilft, dann ist vermutlich Mitmenschlichkeit der Antrieb.

---

[116] Vgl. dazu: Beckett, Samuel: Warten auf Godot. 7 Aufl. Suhrkamp Verlag 1990.

*

Sprachen: „Männer weinen nicht", sagt der Maskulinismus; „Männer, die Tränen zulassen, sind menschlich", sagt die Humanität.

*

Praxisfrage: Da man die Dinge zumeist auch anders sehen kann, kann man bei jeder Sichtweise fragen: „*Lebst* du gut damit, so wie du die Welt im Moment siehst?"

*

Ermessensspielraum: Manchmal ist weniger mehr, aber manchmal ist weniger auch einfach zu wenig. Und mehr ist nicht stets besser, sondern beizeiten zu viel.

*

Kleine Abwandlung: Es gibt nichts Gutes, außer man tut *Gut*es.

*

Alles, was man als schlecht und böse erachtet ist eine Erregungsanlass: Moral reizt.

*

Heuchelei: Die Hilfe, die nur um des Dankes und eines guten Gewissens wegen getan wird, erzeugt mir Ekel, weil es Verstellung und die Güte ein Schauspiel ist.

*

Welt verbessern: Wem hast du heute etwas Gutes getan oder Nettes gesagt? Keinem? – Schade, denn die Wege zur besseren Welt führen über solch „Kleinigkeiten".

*

Wohlwollen: Negative Kritik geht meist leichter über die Lippen als Lob, d.h. wir tun uns lieber weh als dass wir uns anlächeln und in drei Worten Gutes tun.

*

Macht ist nicht per se schlecht, denn wo sie Verantwortung getragen und von „einem guten Willen"[117] gelenkt wird, kann sie auch Positives bewirken.

*

Rückgrat: Ein ethisches Leben zu leben heißt, ein Leben aus bewussten Gründen und Prinzipien zu führen, die ihm Reinheit und Rückgrat geben.

*

Gebrüll: Wenn jeden von uns Schreikrämpfe befielen, wenn wir heimlich über andere lästern, dann wären wir vermutlich taub vom gegenseitigen Gebrüll.

*

Moral der Möglichkeiten: Gut ist, was Freiräume schafft - Können, Wissen, Erkenntnis, Masken, Geld, Muße, Bejahung, Verneinung, Spontanität, Unsinn, Recht...

*

Massentierhaltung und -tötung: Gefangenschaft mit systematischem Gemetzel, eine legale Vernichtungsindustrie für Tiere.

*

Gute Gewohnheit: Die Macht der Gewohnheit hat dann ihr Gutes, wenn sie Macht einer guten Gewohnheit und nicht Macht eines Lasters, chauffiert von Dummheit, ist.

*

Blinde Gier: Immer mehr wollen, heißt oft, dass man das schon Erreichte missachtet.

*

Grundtöne: „Alles geht den Bach runter" sagt die Verzweiflung; „Alles wird gut" die Hoffnung. „Alles geht irgendwie weiter" sagt die Gelassenheit.

*

---

[117] Kant, Immanuel: Grundlegung der Metaphysik der Sitten. Suhrkamp Verlag 1974, S. 18.

Pflicht für sich: Es gibt keine Pflicht an sich, sondern nur Tätigkeiten, die man persönlich als widerwillige Handlungen interpretiert.

*

Kontext: Geben ohne erwartete Gegenleistung heißt im philosophischen Kontext „Freigiebigkeit", im ökonomischen Rahmen heißt es „ein schlechter Tausch"!

*

Kontext II: Dass man durch eine Entscheidung zwingend etwas anderes vernachlässigen muss, heißt in der Philosophie „Schuld"[118]. In der Ökonomie: Verzichtskosten.

*

Desillusionieren: Jemandem etwas zu denken geben, kann auch heißen, ihm etwas zu nehmen.

*

Schuld: Moralisierende Ursachenzuschreibung.

*

Das ist das Schwerste: Mitgefühl und Verständnis für jene aufzubringen, die uns schlechtes wollen.

*

Angstvolles Absehen: Selbstlosigkeit ist beizeiten auch nur der Mangel an Mut zu einem eigenen Willen.

*

Kleine Brötchen backen: Wer die Welt besser machen will, der sollte bei sich und seinem Umfeld den Anfang machen.

*

Herz haben: Ein Maßstab für die Beurteilung moralischer Fähigkeiten ist, ob es gelingt nicht nur für Menschen, sondern auch für Tiere Mitgefühl zu empfinden.

---

[118] Vgl. dazu: Arendt, Hannah: Was ist Existenz-Philosophie? Hain Verlag 1990, S. 27.

*

Deontologischer Utilitarist: Wenn die Absicht schlecht, aber die Folgen gut oder die Absicht gut, aber die Folgen schlecht sind, dann ist für ihn alles gut.

*

„Gewalt" des Intellekts: Jemand mit der messerscharfen Milde des Verständnisses entwaffnen, wenn er eigentlich Konfrontation erwartet.

*

Alltagspoesie: Ein Akt des Gebens ist wie Poesie in einer Welt aus grauen Sätzen.

*

Nett und nutzlos: Mitgefühl ist praktisch so unnütz wie ein Gebet, wenn ihm keine helfende Tat folgt.

*

Masken: Ebenso wie sich hinter Toleranz Gleichgültigkeit verbergen kann, so maskiert sich beizeiten Feigheit im Gewand des Respekts.

*

Froh mit dem Seinen: Gönnen können setzt Genügsamkeit voraus.

*

Ad absurdum: Intoleranz muss und darf nicht toleriert werden, weil ansonsten nimmt sich die Toleranz nicht ernst.

*

Kants Konstrukt der Ketten: Autonomie fördern, die um der Moralität willen einem kategorischen Imperativ folgt, gleicht einer Forderung nach *Freiheit in Ketten*.[119]

*

---

[119] Vgl. dazu: Kant, Immanuel: Grundlegung der Metaphysik der Sitten. Weischedel, W. (Hrsg.). Suhrkamp Verlag 1974, S. 74.

Kants Unmenschlichkeit: Etwas „nur aus Pflicht tun"[120], mag moralisch sein, es ist aber auch über- und unmenschlich als Forderung, denn es hieße *sich selbst zu verleugnen*.

*

Schnellere Hilfe: Tatkräftiges Mitgefühl als situative Ethik ist *alltagstauglicher* als rationalistische Ethiken, da der lange Umweg der Reflexion entfällt.

*

6.13.1 Gewisse und Gewissensfragen

*

Phänomenologie: Ein schlechtes Gewissen ist das plagende Resultat der Unstimmigkeit von akzeptierter Norm und einer konkreten, aber unpassenden Handlung dazu.

*

Gewissen und Gründe: Wer ein schlechtes Gewissen hat, der hat oft auch keine besseren Gründe die innere Selbstanklage zu entkräften.

*

Vereinzelt: Gewissenlosigkeit ist rar. Das Gewissen der „Gewissenlosen" hat sich nur *privatisiert*: der Einzelne hält nur anderes als die Allgemeinheit für richtig.

*

Gewissensfrage: „Leben und Begriffe im Griff?"

*

Gewissensfrage II: „Was ist dein Beitrag dazu, diese Welt zu einem besseren Ort zu machen? Oder liegt dir daran nichts?"

*

---

[120] Ebd., S. 24.

Gewissensfrage III: „Welche Ausreden hast du, die dich davon abhalten von deiner Freiheit Gebrauch zu machen und deine Träume zu verwirklichen?"

*

Gewissensfrage IV: „Was bereust du in deinem Leben und wie würdest du heute in einer ähnlichen Situation handeln?"

*

Gewissensfrage V: „Sind deine Ziele eigene oder nur die in die Zukunft projizierten Erwartungen der Anderen aus deinem Umfeld?"

*

Gewissensfrage VI: „Wofür stehst du?"

*

Gewissensfrage VII: „Ficken, fressen, fernsehen", arbeiten, anbeten, abdanken – ist das alles? Wozu bist du eigentlich hier?"

*

Gewissensfrage IIX zwischen Sein und Wollen: "Ist das was und wie du lebst, das was du wirklich wolltest?"

*

Gewissensfrage IX: „Was hättest du lieber nicht erlebt und was wünschst du noch zu erleben?"

*

Spannend: Ist nicht die Ungewissheit des Zukünftigen und unsere Pläne und der Einsatz dafür, das was die Spannung erzeugt, die man Leben nennt?

*

Sicherheit: Die Zukunft ist relativ ungewiss, was Sorgen erzeugt. Aber würde es uns weiterhelfen und glücklicher machen die Zukunft zu kennen?

*

Indiz: Fremdschämen ist ein Indiz für Mitgefühl und die Tatsache, dass man bestimmte Normen verinnerlicht hat, die ein uns nahestehender Mensch übertritt.

*

Ausliefern: Jemand Fremdes hat einen Krümel am Mund oder einen Popel an der Nase. Sagst du es ihm oder überlässt du ihn dem stillen Gelächter der Anderen?

*

Emotionales Gewissen: Ein schlechtes Gefühl bei einer Entscheidung zu haben ist eine wortlose Begründung und ein Hinweis des Herzens - es sein zu lassen.

*

Anzeige: Schamröte ist die Farbe des schlechten Gewissens, die zwangsweise veröffentlicht wird.

*

Für mehr weniger: Unlust ist schwer erträglich. Lust ist die Steigerung des Erträglichen. Ist Erträgliches dann nicht schon gut und genug?

*

Das Außen ist unerkennbar: Außen ist immer eine Innenperspektive, oder kennst du einen Weg das Haus *deiner* Sinne und Deutungsfähigkeit zu verlassen?

*

Geburt: Um zur Welt zu kommen muss man mindestens zweimal geboren werden: einmal leiblich und einmal geistig. Viele sind das zweite Mal noch nicht da...

*

Anstandsfrage: Ein Geschenk hat die subtile Nötigung zur Dankbarkeit. Gut, wenn es gefällt. Aber was, wenn nicht? Bist du dann ehrlich oder verlogen höflich?

*

Das Fremde im Selbst: In jede Selbstgefälligkeit mogelt sich eine Fremd-gefälligkeit hinein. Oder kannst du dich von der Meinung der anderen absolut frei machen?

*

VerGleichnis: Wenn der Schuh drückt, weiß man, dass der Fuß da ist. Mit dem Schmerz und dem eigenen Dasein – verhält es sich da anders?

*

Signalfarbe: Schamröte ist ein Anzeichen eines noch intakten Gewissens.

*

Ignoranz: Das Wissen, dass alle fünf Sekunden ein Mensch an Hunger stirbt, hat mir heute Morgen das Müsli verbittert. Tut zum Genuss nicht Ignoranz not?

*

Philosophische Gretchenfrage: Platon oder Protagoras, eine Wahrheit oder Wahrheiten, modern oder postmodern? Wie hältst du es mit der Wahrheit?

*

Gedankenexperiment: Was wäre eine Welt ohne Zahlen. Wie zählten wir? Was „zählte", wenn Preis und „der Wert" der Dinge nicht mehr numerisch ausdrückbar wäre?

*

Auch gut: Man bekommt nicht immer was man wünscht, aber warum sollte dies ein Hindernis sein, um aus dem was man erhält, das Beste zu machen?

*

Logik, Leben und Leidenschaft: Wäre es nicht bis zum Erbrechen langwei-lig, wenn Leben vernünftig und rein nach den Gesetzen der Logik abliefe?

*

Abgelegter Zorn: Kannst du dir vorstellen, wie frei es sich anfühlt, jenen zu vergeben, die dir Schmerz bereiteten?

Probeliegen: Wer tiefen Schlaf als schön empfindet, warum sollte der Angst vorm Tod haben?

*

Die Schamröte beschämt doppelt: Zum einen als Wirkung eines schlechten Gewissens und zum anderen dadurch, dass man dieses *ungewollt* vor Anderen zeigt.

*

Seelenmalerei: "Vom Leben gezeichnet" - Welches Bild bist du?

*

Impuls zur Selbsterkenntnis für Eilige: „Wie würdest du dich in maximal fünf Worten charakterisieren?"

*

Wenn man nicht mehr auf Vernunft in der Geschichte zählen kann, worauf dann? Macht, Geld, Glück, Nichts…?

*

Fliegen: Warum überhaupt mit oder gegen den Strom schwimmen, wenn es sich - geistig ausgestiegen - am Ufer leichter in alle Richtungen *fliegen* lässt?

*

6.13.2 Befehlchen...

*

Klar sein, wahr sein, rar sein!

*

Findet Freude, aber denkt mehr!

*

Habt Zuversicht, aber atmet Vertrauen!

*

Ruht aus, aber seid bewegt!

*

Träumt viel, aber lebt schöner!

*

Küsst nicht, knutscht!

*

Nehmt nicht nur, gebt auch!

*

Glaubt weniger, wagt Wahrheit!

*

Suche nicht, versucht euch lieber!

*

Leistet Dienste, aber erschafft auch!

*

Hofft weniger, handelt besser!

*

Mögt nicht, wollt und liebt lieber!

*

Sauft weniger, trinkt eher mehr!

*

Wenn´s hart ist, sei härter!

*

Den Tag schätzt, die Nacht aber liebt!

*

Funktioniert nicht nur, lebt auch...!

*

*

Liebe: Ich hänge an diesem Leben wie ein Junkie an der Nadel, es ist mein Heroin und Heiliges. Ich ringe nach Bilder und Worten wie nach Luft für diese Liebe.

*

Ein Schreibgrund: Warum ich - unter anderem - schreibe? – Um wieder leer zu werden. Schreiben: mein Zen-Buddhismus der besonderen Art.

*

Schreibend bin ich anders: Das Ich mit seinen Auswüchsen, Eingebungen und Überschüssen, für das im alltäglichen Verkehr des Funktionierens kein Platz ist.

*

Humor: Ich lache nur über Witze von Menschen, die die Größe, Freiheit und Kraft besitzen sich selbst auf den Arm zu nehmen.

*

Anhänger sein? - Ich mache mich nicht zum Schmuck von irgendwem oder was.

*

Individualistenbrut: Ich bin so normal, dass, wenn mich jemand für verrückt erklärt, ich dies als Kompliment auffasse.

*

Ich hatte die Vision einer Sprache, in der das Akademische und das Herbe gepaart, zu Kunst werden. Kurz: Sachlicher Rock `n` Roll und elaboriertes Gerotze.

*

Die Stunde der großen Fündigkeit: Ich fand mich aus Ungenügen an den üblichen Antworten als Suchenden wieder.

*

Meine philologische Hinwendung: Als Wortliebhaber verfalle ich dem unwiderstehlichen Charisma der Zeichen.

*

Erbauliche Resonanz: Der Anderen Lächeln erleichtert mich, - aber leider lächeln die Meisten wenig.

*

Bekenntnis: Mein Gott ist namenlose; meine Religion zu atmen; Reinheit mein erstes Gebot und mit der Empfindung zu denken meine Lebensandacht.

*

Nachtmensch: Ich habe die Seele eines kauzigen Wolfs und den Biorhythmus einer Straßenbeleuchtung: erst wenn es dunkel wird, werde ich hell und wach.

*

Zu denken geben: So viele Rätsel wie ich und die anderen mir aufgeben – da ist rosten fast unmöglich.

*

Gleichheit: Ich bin mehr oder weniger wie jeder: ein Niemand in Menschengestalt mit dem Begehren nach dem guten Leben.

*

Spielkonstitution: Sprache bringt meine Welt und mich zustande, aber in ihrer Bewegung bringt sie uns beide nicht zum Stehen.

*

Launen: Wenn meine Stimmungen Musik wären, dann würde ich sagen: ich schwanke zwischen Slayers *Reign in Blood* und Beethovens *Mondscheinsonate*.

*

Meine intellektuelle Romantik: Alles zu bedenken war mein Wunsch und die Unendlichkeit in Gedanken zu fassen eine jugendliche Sehnsucht.

*

Ich mag das Mögliche: Wenn ich einmal einen Nachtclub eröffne, dann soll er "Denkbar" heißen.

*

Wunder: Manchmal starre ich auf die Tastatur und bin verwundert, dass 26 Buchstaben in bestimmten Konstellationen so viel Bedeutung erzeugen können.

*

„Was schon versteht sich von selbst? Will nicht alles geklärt sein durch das eigene Denken? - Noch so eine Notiz aus der Stunde des Erwachens.

*

Sinn für Höheres: Der einzige Atheismus, der mir akzeptabel erscheint, ist der, der es schafft sich Daseinsehrfurcht und den Sinn für das Numinose zu bewahren.

*

Nicht dabei: Ich kann mir zwar gut selbst einheizen, aber für einen Burn-Out ist mir mein Feuer zu schade.

*

Ontische Präferenz: Das stete Sein ist erfahrungsgemäß eine wacklige Sache. Ich bevorzuge darum direkt das Werden...

*

Sommerkleidung: Barfuß, mein barockes Schuhwerk, wir schlendern frei...

*

Kleines Glück: Körperlich gesund, seelisch gelassen und geistig frei: die kleine Dreifaltigkeit meines Glücks.

*

Ich bin für mehr Bewusstheit: Atmen und einfach mal den Augenblick als Heimat wählen.

*

„Tu was": Ich verstehe Neid nicht als Gefühl des Mangels, sondern als Ansporn und emotionales Aufbruchssignal zur eigenen Verbesserung.

*

22:41 Uhr: Zurück am Schreibtisch und es ist noch Arbeit vorhanden. Ich hätte vielleicht doch besser Klempner werden sollen!

*

„Jeder ist letztendlich allein und auf sich gestellt!" - Wieder nur so eine Notiz aus der Stunde des Erwachens.

*

Menschenfeindliche Anmut: Das Meer an allen Orten und die Wüste Namibias, die schönsten Landschaften die ich kenne. Weite wohnt dort und kein Mensch.

*

Seele als Blatt: Es wird Tinte in meinem Staub sein, mit der das Leben in mich schrieb.

*

Wunsch: Viel denken, viel fühlen und erfahren und das Meine dazu tun – mir wohnt die Sehnsucht und Versuchung inne, ein Mensch nach dieser Art zu sein.

*

Meine Präferenz für eine Tageszeit: Die Nacht ist mein Element, die gewählte Einsamkeit eine Liebe, in deren Arme ich geboren wurde.

*

Soziale Konstanz: Wenn ich an glückliche Momente denke, waren nicht immer direkt Menschen daran beteiligt. An den schmerzlichen schon!

*

Rock`n`Roll: Mein Denken trieft. Es wird lecker. Was es gibt? – Gedanken in Rotz getunkt.

*

Allein: Es ist vier Uhr nachts, ich lehne an einem Denkmal an, allein, der Wind spricht in den Ahornblättern und ich weiß, dass ich dies Leben liebe....

*

Wettkampf: Ich hatte heute ein Rendezvous mit meiner Grenze. Sie zeigte mir auf, wo ich stehe.

*

Moral: Mein Fleiß regiert in dem, was mir Freude bereitet. Wo aber Pflicht ist und Unlust, da kämpfe ich mit der Faulheit um Vollendung.

*

Innenbeschreibung: Ich bin nicht chaotisch, ich bin nur das pulsierende Zentrum einer fragilen Ordnung.

*

Arbeit: Um 24 Uhr sag ich mir: „Bis ein Uhr geht." Um ein Uhr sag ich mir: „Bis zwei Uhr geht" und um drei Uhr tröstet mich der Gedanke, dass es Kaffee gibt.

*

Kollegin verwundert: „Du sprichst mit dir selbst?!" „Sicher!" „Aha!" „Aber keine Angst, wir unterhalten uns gut und haben tolle Gespräche!"

*

Ich: Nur ein Bauer, ein Bau- und Kopfarbeiter, der den exklusiven Hang nach Erkenntnis hegt und schon an einer schönen Formulierung Freude findet.

*

Neue Ziele: Meine Lebensansprüche sind gestiegen. Heute würde ich nicht mehr als Platz in der Welt das Lebensideal eines Penners für mich präferieren.

*

„Vieles weiß ich aus Büchern, doch was weiß ich vom Leben und mir?" - Noch eine Notiz aus der einsamen Stunde des Erwachens

*

Streber: Ich bin nicht ehrgeizig, ich habe nur Ziele.

*

Werte: Das „Wahre, Schöne und Gute": Werte der Antike. Gott und Jenseits galt im Mittelalter. Macht, Ansehen und Erfolg zählt heute! - Da bin ich lieber antik!

*

Ich bin ein kommunikativer Zeitgenosse: immer offen für ein gutes Selbstgespräch! - Und es gibt Tage, da quatsche ich mir das Ohr blutig.

*

Gefühlsmensch: Wenn ich auf mein Bauchgefühl höre, dann kann ich viererlei vernehmen: ich bin satt oder hungrig, es tut weh oder es ist zum Kotzen.

*

Selbsterkenntnis meiner Gastfreundschaft: Schwere Gedanken gehen bei mir leichter ein und aus.

*

Bewusster Lebenslauf: Das Leben läuft, ich bin mitten drin, immer bei mir, aber nie ganz dabei. Ich bin gern außen; der Rand ist mein Zentrum.

*

Schläge: Jeder Tag bietet Schönes aber auch genügend Dinge, die mein ästhetisches Empfinden verprügeln. Jeder Tag ramponiert mich ein bisschen mehr.

*

Ich: ein Agnostiker mit dem Hang zum Atheismus, der aber in der Natur zum Pantheisten mutiert, wo mir eine familiäre Verbundenheit aus allem flüstert.

*

Dreischritt: Spät ins Bett, schlecht geschlafen, Ungenießbarkeit gefördert.

*

Erkenntnisse: Ich halte inne, lass die Vergangenheit vorüberziehen und siebe sie nach ihrem Gold ab.

*

Großer Gewinn: Der Verlust der Liebe brachte mich auf den Weg und trieb mich in die Arme der Philosophie. Ich gewann über den Verlust - mich und eine neue Welt.

*

Aushandlungen: „Ich habe Priorität", sagt die Pflicht. „Nein, ich habe Vorrang!", erwidert die Lust. Und ich spiele stets den Diplomat zwischen beiden Parteien.

*

Selbstbeschreibung: Wahrheitsfreund, Zeichensetzer, Wortbeleber und fröhlicher Bedeutungsbieger…

*

Selbstbeschreibung II: Hamster im Laufrad mit Zeitnot.

*

Nur den Montag nicht mögen? So domestiziert und angepasst bin ich nicht. Meiner Wildheit ist jeder Morgen zu wider, an dem der Wecker mich nötigt aufzustehen.

*

Blick in den Spiegel: Nicht unbedingt schön, aber auf jeden Fall einmalig.

*

Interview mit meinem Gewissen: „Du forderst dich genug. Es darf dir auch mal ganz, ganz viel egal sein. Denn: Gleichgültigkeit wirkt wie Urlaub!"

*

Heimweh: Heute bin ich seit langem noch einmal in der Universitätsbibliothek gewesen. Es roch nach dem süßen Weihrauch der Bücher in der Kirche des Intellekts.

Fund: Ich suchte lange Zeit meinen Platz auf der Party. Ich habe ihn im Nirgendwo gefunden. Es ist der Ort, der immer da ist, wo ich gerade stehe.

*

„Kater einkaufen": Meine Vernunft geht für heute in den Ferienmodus und ich mit meinen Freunden einen trinken. Im Abendprogramm: Vollrausch mit Ansage.

*

Schlecht geträumt: An manchen Morgen erwache ich hinter einem Lächeln aus Glas mit der Reizbarkeit, die an die Explosivität einer Handgranate erinnert.

*

Fließende Selbstpräsenz: Ich fühle mich fortlaufend beobachtet- von mir, aber den Beobachter bekomme ich nicht zu fassen.

*

Ich in Gedanken: Auch wenn ihr genau hinschaut, ihr werdet mich nicht finden. Ich habe mich zerdacht!

*

„Karriere, Haus, Frau, Kinder, Hund, Spaß und Geld auf dem Konto! Das Glück von Milliarden - ist das alles?" – eine andere Notiz aus der Stunde des Erwachens.

*

Weh mit Worten: Ich überlege ins Bett zu gehen – aus Rücksicht. Denn alles was ich noch schreiben könnte, würde an Körperverletzung grenzen.

*

Erkenntnis mit Blick in mein Arbeitszimmer: Ordnung schaffen kostet Energie; Chaos hingegen, gestaltet sich spielerisch.

*

Stimmungsstatus: Ich schätze, ich werde bald noch einmal Kafka lesen — zur Erheiterung.

*

Kontrastfarbe in Gedanken: Ich bin nicht negativ, ich denke nur gern in Schwarz, um die Helle hervorzuheben.

*

Merkwürdig: Früh ins Bett und bei Regenwetter freiwillig und gut gelaunt aufgestanden. Ich bin mir suspekt.

*

Einsame Nacht: Die kühle Nacht und die Stille, diese leere Straße im Wind und das Spiel und der Spaß im Unendlichen gehört mir, nur mir!

*

Innere Chemie: Ich bin nicht launisch, ich bin nur chemisch instabil.

*

Sportliche Transformation: Früher experimentierte ich mit entzückenden Reizmitteln, heute experimentiere ich mit Trainingsreizen. Endorphine sind mein Tequila.

*

Gewolltes Stigma: Den Tätowierer verlassen, sich schön gezeichnet wissen und sich dabei gut und etwas mehr außerhalb fühlen.

*

„Einer unter Milliarden in der Welt. Was will ich hier eigentlich?" - Nur so eine Notiz aus der Stunde des Erwachens.

*

Bewegungsmotto: Ich will keinen Staub ansetzen, bevor ich Asche bin.

*

7.1 Dialoge zwischen Alter und Ego

*

Altern - A: „Ach, ich werde alt!" B: „Hoffentlich!"

*

Argument - A: „Sie sparen 40% beim Kauf B: „Ok, das ist ein Argument. Aber wenn ich nichts kaufe, dann spare ich noch mehr!"

*

Übernommen - A: „Was ist passiert?" B: „ Bein gebrochen. Ich wollte sportlich über meinen Schatten springen, dabei hätte es ein Schritt vermutlich auch getan!"

*

Humanität - A: „Arbeit adelt den Menschen, heißt es im Sprichwort!" B: „Klasse Spruch, aber es kommt auf die Bedingungen der Arbeit an!"

*

Lebenslage - A: „Das Leben? Was soll das?" B: „Das Leben soll nichts, Leben ist und will!"

*

Jugendwunsch - A: „Was willst du später einmal werden?" B: „ Ich!"

*

Geschmackszeugnis - A: „Schöne Wohnungseinrichtung. Deine Frau hat Geschmack. B: „Ja, das sieht man auch an mir!"

*

Ohne höheres Asyl - A: „Unter welcher metaphysischen Adresse kann ich sie erreichen?" - B: „Ich bin obdachlos!"

*

Tücken - A: „Einem geschenkten Gaul schaut man nicht ins Maul!" – B: „Aber, wer sagt denn, dass es kein trojanisches Pferd ist?"

*

Grundfrage - A: „Komm wir retten die Welt!" B: „Was gibt es da eigentlich zu retten?"

*

Hohlbirne - A: "Kannst du mir die wichtigsten Ereignisse, Bücher und Personen deiner Bildungsgeschichte nennen?" B: "Häääää? Wat is Alter?

*

Weltuntergangsmärchen - A: „Weltuntergang!" B: „Wann?" A: „Morgen!!" B: „Was? Schon wieder?"

*

Medizin - A: „Welche evolutionäre Funktion hat eigentlich Kunst?" B: „Vielleicht den, nicht am Grauen der Wirklichkeit zu Grunde zu gehen?"

*

Freiheitsgefühl - A: „Was ist der Reiz des Macht?" B: „Ihre Unabhängigkeit und die Freiheit niemandem unterstellt zu sein!"

*

Unterhaltung – A: „Versteh doch: Menschen wollen lachen, nicht denken. Sie tragen genug an ihrem Kreuz." B. „Wie? Witze statt Wahrheit?" A: „Du hast es!"

*

Lage - A: „Wie geht´s?" B: „Das Übliche: Ich atme, lebe und lächle, ich denke und erleide den Rest!"

*

Laune - A: „Die Sonne scheint." B: „Schön für die Sonne!"

*

Last - A: „Was trägst du denn da mit dir rum?" B: „Nichts weiter als meine Verantwortung!"

Missachtung - A: „Lehrer haben morgens recht und nachmittags frei. Die haben viele Ferien und…" B: „Ok, wünschen Sie Einäscherung, Sarg oder Seebestattung?"

*

Vernunft - A: „Hör auf dein Herz." B: „Das macht bum, bum." A: „Dann hör auf das, was dein Bauch dir sagt." B. Der grummelt!" B: „Arsch!"

*

Bedürftigkeit - A: „Guten Morgen!" B: „Danke, den kann ich brauchen!"

*

Angepisst - A: „Und wie geht es!" B: „*Es* geht so. Für nähere Auskunft schlag bei Sigmund Freud nach!"

*

Ausleben - A: „Du bist widersprüchlich!" B: „Gestatten: mein Name ist Mensch!"

*

Eingeengt - A: „Du Miesepeter!" B: „Was? Ich lache gern und gern viel, nur bietet die Rarität der Anlässe diesem Charakterzug wenig Raum zur Entfaltung!"

*

Besserung – A: „Es doch nicht alles schlecht!" – B: „Nein, aber vieles geht noch besser!"

*

Laune - A: „An manchen Tagen erwache ich und fühle mich saugut, ohne zu wissen warum." B: „ Egal, genieß deine Manie, grundlose Freude ist göttlich!"

*

Rückschau - A: „Was machst du gerade?" B: „Ich denke und werfe mein Lichtsieb nach dem Tag aus. Vielleicht bleiben ein paar Gedanken hängen."

*

Regression - A: „Du trinkst recht viel. Hast du Probleme?" B: „Nein, ich bin nur verstärkt um meine gelingende Rückverdummung bemüht."

*

Volksmund und ein Muffel - A: "Morgenstund` hat Gold im Mund." B: "Wenn dem so ist, dann halt ihn besser, damit es nicht hinaus fällt."

*

Reichweite - A: „Was du nicht willst, dass man dir tu`, das füge keinem anderen zu." B schlägt zu. A: „Au!" B: „Was denn? Ich bin Sadomasochist."

*

Methode - A: „Woher nimmst du deine Gedanken?" B: „Ich nehme nicht. Ich lass mich gehen, dann wird Raum frei, den ein Gedanke gern einnimmt."

*

Pseudofreunde - A: „Ich habe 744 Freunde auf Facebook." B: „Klasse, aber wie viele deiner „Freunde" helfen dir, wenn nachts um 4 Uhr dein Leben brennt?"

*

Mund zu - A: „Der Volksmund sagt…" B: „Der Volksmund kann mich mal!"

*

Haltung - A: „Wie hältst du es mit deinen Mitmenschen?" B: „Ich pflege einen gesunden Egoismus, der das Glück der Anderen im Blick behält!"

*

Referenz - A: „*Unter dem Gesichtswinkel der Ewigkeit*[121] ist alles nichts!"
B: „Dann steck den Bezugsrahmen kleiner. Jeder Tag hat sein Bedeutendes."

*

Zuständigkeit - A: „Die Probleme der Welt zu lösen ist nicht Aufgabe des Einzelnen." B: „Wessen Aufgabe ist es dann?" A: „Der Politik." B: ...

*

Rückfrage: „Weißt du noch, als wir Sätze aus Licht ins Leben warfen, die Zeugnis von Bejahung gaben?"

*

Andersartigkeit: „Der einzige Grund, warum ich nicht so bin wie mich haben wollen" sagte er, „ist der, dass ich denke!"

*

Leere in der Fülle: „Wenn die Gedanken leise werden", sagte er „und ich zum Fühlen komme, dann sitzen Müdigkeit und Leere an einem gedeckten Tisch."

*

Grundfrage - A: „Wie soll ich leben?" B: „Einfach und nicht leicht: Sei im Reinen mit dir und respektvoll zu anderen, sei skeptisch und offen für das Mögliche."

*

---

[121] Spinoza, Baruch de: Ethik. 29.Lehrsatz. Kröner Verlag 1976.

8. Quellen

- Adorno, Theodor: Minima Moralia: Suhrkamp Verlag 2003.
- Adorno, Theodor: Theorie der Halbbildung. Suhrkamp Verlag 2006.
- Allgemeine Erklärung der Menschenrechte. Mit Radierungen von Christoph Meckel. Insel Verlag 1990.
- Arendt, Hannah: Was ist Existenz-Philosophie? Hain Verlag 1990.
- Aristoteles: Metaphysik. 5. Aufl. Rowohlt Verlag 2007.
- Aristoteles: Nikomachische Ethik. Rowohlt Verlag 2006.
- Ballauff, Theodor: Pädagogik als Bildungslehre. 4. Aufl. Poentisch/Ruhloff (Hrsg.). Schneider Hohengehren Verlag 2004.
- Balmer, Hans- Peter: Philosophie der menschlichen Dinge. Die europäische Moralistik. Francke Verlag 1981.
- Beckett, Samuel: Warten auf Godot. 7 Aufl. Suhrkamp Verlag 1990.
- Becker, Gary S. / Becker, Guity Nashat: Ökonomik des Alltags. Von Baseball über Gleichstellung zur Zuwanderung. Was unser Leben wirklich bestimmt. UTB Verlag Tübingen 1998.
- Bibel: Einheitsübersetzung. Altes und neues Testament. Herder Verlag 1980.
- Bloch, Ernst Prinzip Hoffnung. Kap 1 -32. Suhrkamp Verlag 1985.
- Blumenberg, Hans: Schiffbruch mit Zuschauer: Paradigma einer Daseinsmetapher. Suhrkamp Verlag 1997.
- Bourdieu, Pierre: Sozialer Raum und „Klassen". Lecon sur la lecon. Zwei Vorlesungen. Suhrkamp Verlag 2000.
- Büchmann, Georg: Geflügelte Worte. Bücherbund Verlag 1964.
- Camus, Albert: Der Mythos des Sisyphos. Rowohlt Verlag 1997.
- Carnegie, Dale: Sorge dich nicht, lebe! Scherz Verlag 2002.
- Cioran, Emil: Werke. Suhrkamp Verlag 2008.
- Descartes, Rene: Abhandlung über die Methode, wie die Vernunft richtig zu gebrauchen. Matrix Verlag 2006.
- Dörpinghaus et. al.: Einführung in die Theorie der Bildung. WBG 2006.
- Eichendorff, Josef v.: Aus dem Leben eines Taugenichts. Reclam Verlag 1990.
- Fischer, Wolfgang: Sokrates pädagogisch. Ruhloff/Schönherr (Hrsg.). Könighausen und Neumann Verlag 2004.
- Freud, Sigmund: Unbehagen in der Kultur. Reclam Verlag 2010.

- Freud, Sigmund: Vorlesung zur Einführung in die Psychoanalyse. 10. Aufl. Fischer Verlag 2000.
- Freud, Sigmund: Abriss der Psychoanalyse. Fischer Verlag 2004.
- Foucault, Michel. Dits et Ecrits. Werk in vier Bänden. Band. IV. Suhrkamp Verlag 2005.
- Foucault, Michel: Die Governementalität. In: Bröckling/Krasmann, Lemke: Gouvernementalität der Gegenwart. Suhrkamp Verlag 2000.
- Gehlen, Arnold: Anthropologische Forschung. Rowohlt Verlag 1961.
- Glasersfeld, Ernst v.: Konstruktion der Wirklichkeit und des Begriffs der Objektivität. In: Gumin/Meier (Hrsg.): Einführung in den Konstruktivismus. Piper Verlag 2008. S. 9-41.
- Goethe, Johann Wolfgang: Faust. I + II Teil. DTV 2001.
- Gross, Peter: Multioptionsgesellschaft. In: Pongs, Armin: In welcher Gesellschaft leben wir eigentlich? Bd.1 Dilemma Verlag 1999.
- Hayek, Friedrich: Wettbewerb als Entdeckungsverfahren. Universität, Institut für Weltwirtschaft; Auflage 1968.
- Heidegger, Martin: Sein und Zeit. 17. Auflage. Niemeyer Verlag 1993.
- Heidegger, Martin: Über den Humanismus. 10. Aufl. Klostermann Verlag 2000.
- Heidegger, Martin: Unterwegs zur Sprache. 7. Auflage. Neske Verlag 1982.
- Hesse, Hermann: Die schönsten Gedichte von Herrmann Hesse. Diogenes Verlag 1996.
- Horkheimer, Max/Adorno, Theodor: Dialektik der Aufklärung. Fischer Verlag 2003.
- Huxley, Aldous: Schöne neue Welt. Fischer Verlag 1981.
- Jaspers, Karl: Philosophie. Existenzerhellung II. Dritte Auflage. Springer Verlag 1956.
- Jasper, Karl: Kleine Schule des philosophischen Denkens. 12. Auflage. Piper Verlag 1991.
- Kafka, Franz: Der Prozeß. Fischer Verlag 1992.
- Kant, Immanuel: Kritik der reinen Vernunft. Weischedel, W. (Hrsg.). Suhrkamp Verlag 1974.
- Kant, Immanuel: Grundlegung der Metaphysik der Sitten. Weischedel, W. (Hrsg.). Suhrkamp Verlag 1974.

- Kant, Immanuel: Kritik der Urteilskraft. Weischedel, W. (Hrsg.). Suhrkamp Verlag 1974.
- Kant, Immanuel: Werk in zehn Bänden. Bd. V. Weischedel, W. (Hrsg.). WBG 1975.
- Kant Immanuel: Schriften zur Anthropologie, Geschichtsphilosophie, Politik und Pädagogik II. Werkausgabe XII. Suhrkamp Verlag 1982.
- Kant, Immanuel: Beantwortung der Frage „Was ist Aufklärung?" In: Bahr, Ehrhard: Was ist Aufklärung? Reclam Verlag 1996.
- Koselleck, Reinhart: Die unbekannte Zukunft und die Kunst der Prognose. In: Ders. Vergangene Zukunft. Frankfurt a. M. 1998.
- Koran. 4 Aufl. Vollständige Übersetzung. Aus dem Arabischen übersetzt von Max Henning. Nikol Verlag 2014.
- Kundera, Milan: Die unerträgliche Leichtigkeit des Seins. Fischer Verlag 1987.
- Kunzmann et al.: DTV-Atlas Philosophie. 10. Aufl. DTV Verlag 2002.
- Löwith, Karl: Weltgeschichte und Heilsgeschehen. In: Sämtliche Schriften Bd. II. Metzler Verlag 1983.
- Luhmann, Niklas: Realität der Massenmedien. Verlag für Sozialwissenschaften, 4. Aufl. 2010.
- Luhmann, Niklas: Die Wissenschaft der Gesellschaft. Suhrkamp Verlag 1990.
- Luhmann, Niklas: Bildung und Weiterbildung im Erziehungssystem. Mitarbeit: Dieter Lenzen. Suhrkamp 1997.
- Luhmann, Niklas: Paradigm lost. Über die ethische Reflexion der Moral. Suhrkamp Verlag 1990.
- Lyotard, Jean-Francois: Postmoderne für Kinder, Passagen Verlag 1996.
- Marquard, Udo: Abschied vom Prinzipiellen. Reclam Verlag 2005.
- Marx, Karl/ Engels, Friedrich: Die Frühschriften. Kröner Verlag 1971.
- Miller, Alice: Am Anfang war Erziehung. Suhrkamp-Verlag 1983.
- Nestle, Wilhelm: Vom Mythos zum Logos. Scientia Verlag 1966.
- Nestle, Wilhelm: Die Vorsokratiker. Eugen Dietrichs Verlag 1956.
- Nietzsche, Friedrich: Menschliches Allzumenschliches I. Bd. I. De Gruyter Verlag 1999.
- Nietzsche, Friedrich: Fröhliche Wissenschaft. Bd. 3. De Gruyter Verlag 1999.

- Nietzsche, Friedrich: Die Geburt der Tragödie aus dem Geist der Musik. Bd. 1. De Gruyter Verlag 1999.
- Nietzsche, Friedrich: Götzen-Dämmerung. Bd. 6. De Gruyter Verlag 1999.
- Nydahl, Lama Ole: Von Tod und Wiedergeburt. Knaur Verlag 2011.
- Nydhal, Lama Ole: Wie die Dinge sind. Eine zeigemäße Einführung in die Lehre Buddhas. Joy Verlag 1994.
- Nydhal, Lama Ole: Das Große Siegel. Raum und Freude grenzenlos. Joy Verlag 1998.
- Platon: Des Sokrates Verteidigungsrede. Sämtliche Dialoge. Bd. I. Meiner Verlag 2004.
- Platon: Charmides. In: Sämtliche Werke Bd. III Meiner Verlag 2004.
- Pascal, Blaise: Gedanken. Suhrkamp Verlag 2012.
- Recktenwald, Horst C.: Wörterbuch der Wirtschaft. Kröner Verlag 1990.
- Rilke, Rainer Maria: Duineser Elegien. Reclam Verlag 1997.
- Sartre, Jean-Paul: Der Existentialismus ist ein Humanismus. Philosophische Schriften I. Gesammelte Werke. Rowohlt Verlag 1994.
- Sartre, Jean-Paul: Geschlossene Gesellschaft. Rowohlt Verlag 2005.
- Schmitt, Carl: Politische Theologie. 7. Aufl. Duncker & Humbolt Verlag, 1996.
- Searle, John: Die Konstruktion der gesellschaftlichen Wirklichkeit. Suhrkamp Verlag 2011.
- Shakespeare, William: Hamlet. Reclam Verlag 2001.
- Smith, Adam: Der Wohlstand der Nationen. Verlag Zweitausendeins 2009.
- Spinoza, Baruch de: Ethik. Kröner Verlag 1976.
- Stenz, Mario: Leistungsgesellschaft und Doping. Grin Verlag 2007.
- Weber, Max: Wissenschaft als Beruf. Reclam-Verlag 1995.
- Wittgenstein, Ludwig: Philosophische Untersuchungen. Suhrkamp Verlag 1971.
- Wittgenstein, Ludwig: Tractatus logico-philosophicus. Suhrkamp Verlag 1963.
- Zimbardo, Philip: Psychologie. 5. Aufl. Springer Verlag 1992.
- Zumstein, Carlo: Schamanismus. Diederichs Verlag 2001.

Internetquellen:

- Aristoteles. URL http://www.aphorismen.de/zitat/12105. (Zugriff: 06.01.2015)
- Aristoteles: URL: http://www.aphorismen.de/zitat/12033 (Zugriff: 09.01.2015)

9. Notizblätter